民國軍閥檔案，重建中

◆歷史說書人 江仲淵——著

推薦序

「軍閥」的真相可以不只一個

臺北市立建國高中歷史科教師　黃春木

中國近現代史教科書中，「軍閥」總扮演著「被革命」的角色，簡直乏善可陳。但在如此絕對的圖像中，要為他們做「改頭換面」的翻案文章，其實不難，相關史料極多，本書正是彙整多方資料而寫就的佳作之一。讀者可從書中親切活潑的文句，看到在卸下「軍閥」身分後，那一個個活生生的「人」。

從晚清到民初，有識之士銳意改革，企盼救亡圖存。當時有機會接觸新思潮、學習新知識的少數人，不外乎讀書人、商人和軍人。然而在兵凶戰危之際，救亡圖存的立即條件是「船堅炮利」，這必須仰賴軍人。工業革命後，「軍人」這一職業的科技門檻已經很高，而且還需要謀略、信念、毅力、勇氣和強健體魄，這幾乎是造就國家強盛、民族復興所有要件的總成，由軍人親力親為地實踐。

因此，「軍閥」之「軍」，不宜等閒視之。

至於「閥」，指的是具有支配力量的人物或群體。「閥」也有勢力壟斷、傳承的意味，常用來指稱派系、門第。「閥」的形成，總有其個人因素與時空脈絡，難以任意為之。我們可以讚許一些有權有勢的人，他們行使權力，從不以私害公，不戀棧權位，也不私相授受，但在歷史上，這等純真的人太稀少了，即使是今天的臺灣，一樣是鳳毛麟角。換言之，如果要以「閥」之有無來斷定人之正邪善惡，這個標準太過嚴苛，凡人幾乎無法企及。

尤其從晚清到民國時期，「中央集權」難以運作，在遼闊的疆域中，各地政經情勢差異極大，利害糾葛複雜，而帝國主義勢力在不同地區又各有滲入，競合不定。連年戰亂導致基礎建設殘破，農事備受威脅，人民基本溫飽常不可得，盜匪橫行，因此各地武化的現象相當明顯。

在這樣的歷史背景，軍人很難不成為主角，也很難不集結同鄉、同門勢力，以求保境安民，或逐鹿天下。所以，我們就會看到「直」、「皖」、「奉」、「桂」、「粵」、「晉」等軍閥的出現。

「軍閥」一詞的創造與運用，其實是在「正統」、「中央」觀點之下的貶抑、歧視，如果回到務求客觀的歷史敘事，這樣的詞語可以擱置不用。

但這不意味著不再評論這些曾經位居要津、主導時局發展的歷史人物。所謂「客觀」，不是正反俱呈或「各打五十大板」，而是當我們肯定這些歷史人物的「功」時，要有足夠的史料證據支持，且該進行合乎邏輯的論述；同樣的，若要批評他們的「過」時，也需要論據堅實，論證嚴密。

如果想要「扭轉」或「釐清」軍閥們備受誤解的圖像，或強調其身為凡人的一面，確實可以多呈現一些正面的資料，但這不等於是要「抹煞」、「掩蓋」他們曾經造成的錯誤或災難。如果「矯枉過正」，這樣的歷史探究自然就不客觀了。

和作者主張不一樣的是，我認為「歷史」是有真相的，但因為我們並非全知全能的神，「視角」總有局限。怎麼辦呢？唯一法門就是勤能補拙、虛懷若谷。多用功，多請教別人，以及不武斷、不藏私，面對不同的歷史解釋，不同視角下的歷史「真相」時，願意保持開放的態度，以及能夠對話、討論的關係。人物或事件的「真相」經常不只一個，但都應該有憑有據，這正是我們探究歷史的態度。

推薦序

歷史是現在與過去的永恆對話

教師&作家　蔡淇華

歷史是勝利者書寫的，所以臺灣過往的民國史，就像胡適形容的：「是一個很服從的女孩子，她百依百順地由我們替她塗抹起來，裝扮起來。」裝扮成服務兩蔣的民國史。

然而，自從二〇〇六年，美國史丹佛大學胡佛研究所珍藏的《蔣介石日記》對外開放後，兩岸三地的歷史學者開始「從材料出發」，企圖脫脂去粉，讓民國史的史料，還歷史本然。

其中，臺灣的史學新秀「歷史說書人」創辦人江仲淵，是箇中翹楚。

江仲淵雖尚在就學中，但閱讀民國史料之勤，實已超越許多歷史學者。例如他為了寫《時代下的犧牲者：找尋真實的汪精衛》，就閱讀了八十多萬字的史料。甚至有位在汪精衛政府工作過的老榮民寫信告訴他，他的文字重現當年真實的記憶。

江仲淵博覽群籍，治學有成，甚至曾為聞名國際的民國史大師余杰，在二〇一九年出版《顛倒的民國：臺灣和中國都不提起的近現代史》撰寫書序。

其實民國史就是一部戰爭史，一部爾虞我詐、合縱又連橫的戰爭史。然而如同作家白先勇說的，其父，桂系大將「小諸葛」白崇禧過去的事蹟，在國民黨官方的歷史教育裡，多半被淡化、隱瞞，甚至妖魔化。難怪白先勇要蒐集超過萬件書信、手稿、回憶錄等資料，著書六十萬字，為父立傳（翻案），一揭白崇禧與蔣介石從歷經北伐、抗日、國共內戰一路以來，從君臣交心而至決裂的糾葛。「蔣介石能為『輸到國土剩千分之三』卸責嗎？你問大部分臺灣人，大陸怎麼搞丟的？也沒人能講出來。」白先勇點出民國史需要重建的必要性。

臺灣過往課本中的民國史，是如此避重就輕地斷裂，連民國的軍閥都被窄化成戰爭的發動者。幸好江仲淵在新書《民國軍閥檔案，重建中》中，還給這些歷史人物一個有血有肉的立體形象。例如曹錕不再只是一名「賄選總統」，更是推動憲政改革、縮減總統職權最努力、最遵守憲政的軍閥，甚至建立今日中華民國憲法的雛形。而妄想稱帝的袁世凱，雖然是個大壞蛋，卻廢了千年科舉，設立今日山東大學、天津大學和河南大學的前身。另外，北洋軍閥中最有實力的吳佩孚，竟然是個秀才文青，之所以可以坐擁中原霸主的地位，得歸功於他的文筆能力，因為他以流暢的文筆在各大報章雜誌發表言論，深孚民心，應該是民國的「第一網紅」。

然而閱讀此書，不應只停留在新史料的趣味面，讀者更應該讀出作者在嘻笑怒罵背後的微言大義，那就是「重建」自己的史觀，開始客觀懷疑自己過去的歷史教育時，也別忘了質疑今日的歷史教育。如同喬治．歐威爾（George Orwell）在《一九八四》描述「歷史可變性」的名句：「誰能控制過去，就能控制未來；誰能控制現在，就能控制過去。」

是的，一旦知識分子無法客觀讀史，就是歷史再度為政治、為極權服務的開始。

在《暗黑民國史》序中，江仲淵語重心長表示：「知識分子失去了實事求是的客觀態度，成了歌頌王侯將相的吹鼓手，僅以狹隘『正統歷史』為核心史觀，粉飾一切不符合政治需求的內容，大力發展利於當權者地位的史料。外國學者在上世紀七〇年代評論中國歷史是『有選擇的記憶』，或者叫『有選擇的遺忘』，以目前的狀況來看，古代史已經在程度上盡可能的康復了，近代史反倒是尚未擺脫失智症的垂垂老者。」

江仲淵史筆如鐵，他對近代史的箚記，不僅是暮鼓晨鐘，更是當頭棒喝。因為臺灣目前的史觀，不啻再度成為「當權者」的史觀，一切「記憶」或「遺忘」，都是為了服膺政治的需求。如同胡適說的：「真理是有時代性的。」今日歷史再度由勝利者書寫，只是這一次的鐘擺，又擺向另一個極端，一個意識形態的極端。而更可懼的是，兩岸都如火如荼地在自己的課本、電影、網路裡，不斷「造史」，也將兩岸拉近戰爭的可能。

歷史是現在與過去的永恆對話，如同義大利思想家貝尼德托．克羅采（Benedetto Croce）所說：「一切歷史都是當代史。」民國史的重建，有其當代的意義。江仲淵新書不僅幫助我輩重新解構歷史的多元性，更提醒大家必須堅持批判精神閱讀當代。期許朋友們如此讀史，文字才可以穿越時間與空間，為國「知興替」，為來世，「開太平」！

作者序

歷史沒有真相，但閱讀可以無限接近真相

我們讀古人的書，一方面要知道古人聰明到怎樣，一方面也要知道古人傻到怎樣。寧失之過疑，不要失之過信，真理是有時代性的，人生是變遷無窮的。

——胡適

繼出版《民國文人檔案，重建中》後，新的《民國軍閥檔案，重建中》誕生了。讀者常問我為什麼那麼痴迷於民國歷史，我的回應總是不一，畢竟近代史實在有太多值得拿來說嘴的事，但如今天要說其中最迷人的地方，我會毫不猶豫地回答「可塑性」。

閱讀中國近代史，千萬不要局限在一言堂或固定於某些立場，民國不亞於春秋，同樣百家爭鳴，同樣群雄逐鹿，造就出大一統時代外少見的多元史觀，史料觀點眾多，角度迥然不同，不同的人觀看同一位歷史人物，便會得出不一樣的評價。即使是一位在正史中完全被否定的人物，如果我們願意跳離正史本位，以其他角度觀看，會驚奇地發現，其實隱藏著許多耐人尋味的細節。

我想說的是，歷史不是一個既定的事實，而是一連串能無限接近真相的道路。歷史本身從來不「論定」任何一人，就像曹錕，雖然是眾所皆知的「賄選總統」，然而在他任內期間，推動憲政改革，縮減總統權力，以違反法律上任的他，某方面來說卻是最遵守憲政的軍閥；再如段祺瑞、吳佩孚等北洋軍閥，許多人以為他們就是一副張牙舞爪的樣子，其實他們的文化素質遠超乎想像。段祺瑞是近代圍棋復興的第一要人，吳佩孚則是民初釋義《春秋》的推手。另外，我們都知道護國戰爭期間，由唐繼堯指揮的雲南軍隊擔任著正義的角色，卻鮮有人知他們藉收集軍餉之名，打開西南邊境的鴉片氾濫危機。

那麼，既然史料觀點那麼多，道路那麼廣，我們到底要採用什麼觀點、什麼問號呢？我構建此書時，亦有相同煩惱，一般講述民國人物的書籍，多半將重心放在人物的生平歷程和學術成果，難免枯燥乏味，這恰好是我不想依循的套路。因此，我把人物重點放在各自不為人知、卻精采萬分的地方，套一句清代文學家袁枚的話：「以妄驅庸，以駭起惰！」本書用大膽的筆法驅逐平庸，拿驚世駭俗的史實取代慵懶的想像，如果讀者讀慣成說定見的一言堂，這本書肯定會讓您耳目一新。

歷史沒有真相，但倚靠閱讀，我們可以無限地接近真相。序的最後，祝福讀者們從書山學海的跋涉中獲得樂趣，從歷史名人的小事情中見微知著，若是能收穫到一點知識，對我來說，將會是一種至高無上的成就。

目錄

第二章 一八七一年〜一八八五年

第三章 一八八六年以後

第一章

一八五〇年～一八七〇年

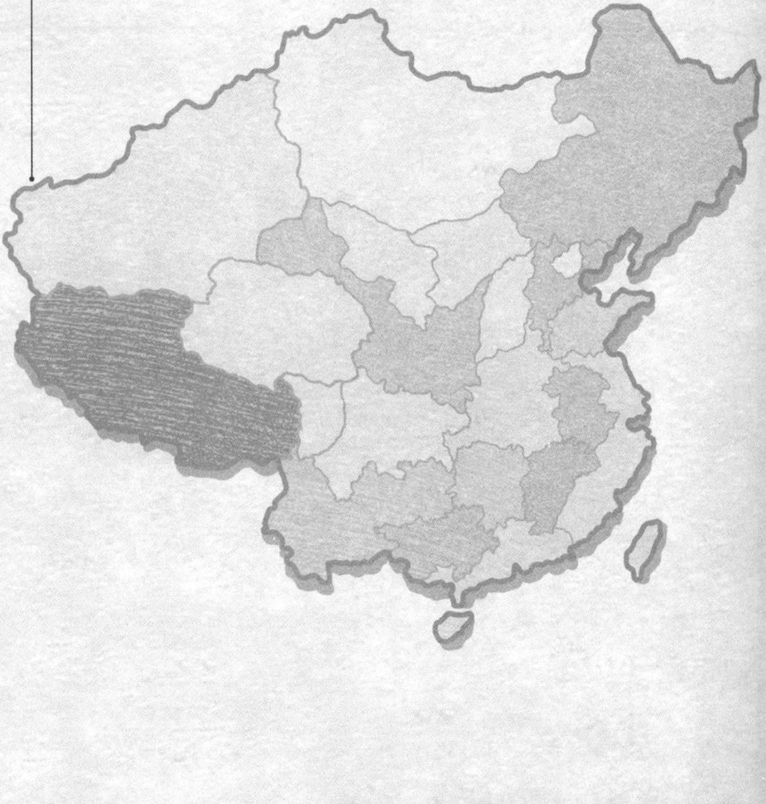

1850~1870

被政客捉弄的老實人

——戰爭英雄張勳與復辟幻夢

人物小檔案

張勳（一八五四年十二月十四日～一九二三年九月十一日）

清末民初將領，官至江南提督、長江巡閱使、定武上將軍，封忠勇親王。

很多時候，看一個人或一件事情，不要只單看表面就做論斷。張勳這個人在辛亥革命的浪潮下居然玩起復辟，重新擁立溥儀稱帝，雖然這起政變僅持續十二天就被收拾了，但教科書沒有寫出他的結局，更沒有寫整件事的來龍去脈，以至於張勳留給我們的印象是：一個逆歷史潮流而動的小丑。

沒錯，張勳在歷史上名聲確實不好，在一個全盤西化的時代，痴迷地留戀前朝皇帝，不僅在身體髮膚方面身體力行，還操演出一場復辟大戲，弄得北京城滿大街都是辮子，要我們不嘲笑都難。

不過假使願意拋開既有觀點的框架，從張勳的生平來檢索歷史細節，我們會驚奇地發現，其實他沒有想像中那麼笨，甚至有值得我們借鑑之處。他忠勇、剛烈、不怕死、不怕苦，甚至會替江西的老鄉發獎學金，連死對頭孫中山在他死後都嘆息地說：「雖以為敵，未嘗不敬也。」

真實的張勳是忠厚老實的愚忠鐵漢，無遠謀、無深見，卻用一輩子熱血，換取實踐個人信條的承諾。

對清朝情有獨鍾

做為清末民初的頭號大清粉，張勳對清廷的認知有點特殊，同一時期出現的軍事人物，諸如段祺瑞和閻錫山等軍閥，都是在快成年時加入軍隊，一步步爬上歷史舞臺，他們對清廷沒有太多感念，畢竟只是上級罷了，換個地方隨便都能出人頭地。

張勳就不然了。

整個清末民初的歷史中，大概沒有像張勳出生那麼慘的人了。他出生於江西省一處偏遠鄉村，沒什麼家庭背景，沒讀什麼好學校，更慘的是在他還沒有記憶時，父母就已經雙雙抱病而亡，爺爺在他六歲時也被太平軍殺死，張勳一個人孤苦無依地生活，有一餐沒一餐地過日子。

不過，正是在這個時間點，一位素昧平生的清朝退休官員剛好返回家鄉。他見張勳一副無依無靠的樣子，便好心收留他，供他吃住，把他扶養到足以養活自己。人們說第一印象很重要，張勳第一次見到清廷就是這種溫情滿滿的場面，使他天生對清朝抱持著一種積極報恩之心，他的命是清朝給的，沒有清朝，他就沒了根。

二十五歲那年，滿懷熱血的張勳從軍，一步一步從底層殺上來，英勇的表現開始受到大家注意。他在廣西抗法時，一步都沒退過，砲火就在他的兩耳間呼嘯而過，但他從不擔心；甲午戰爭期間，他在朝鮮率領一千騎兵馳騁軍馬衝鋒，用幾乎不要命的方式擊退日軍；除此之外，他對國內的義和團從不手軟，一經查獲就是鎮壓。張勳不要命，因為他想把命都獻給清朝，動盪的時局成就了他，殘酷的戰爭鍛鍊了他，他的官位上升很快，直到辛亥革命前夕已經官至江南提督，他對大清仍是一往情深，忠貞不貳。

清朝年間，張勳和我們想像中的「割據腐朽軍閥」簡直相差十萬八千里，他是戰爭英雄，是功勛彪炳的好漢。中法戰爭時，張勳立下戰功，廣西提督蘇元春賞給他兩罈好酒，他連一口都沒品嘗，把酒水統統倒在溪水，讓手下在酒香四溢中洗個舒服澡。

大清亡，辮子不能亡！

可惜的是，縱使張勳何等鍾愛大清，革命已經成為時代趨勢，浩浩蕩蕩、勢不可擋，不是個人的力量所能左右的。

辛亥革命時，張勳被派遣駐守南京，革命軍以將近兩倍的軍力進攻，很快占據高地砲臺。張勳本想親自率領部隊反攻，拚個玉碎瓦全，然而兩江總督張人駿、江寧將軍鐵良都堅決表示撤退，他只得無奈作罷，率隊退入徐州，從此割據一方。

一九一二年，清廷發布《宣統帝退位詔書》，宣告大清王朝近三百年的統治到此結束，這對張勳來說無疑是最沉痛的打擊，人歸民國，心卻仍在大清。做為僅存能表示忠誠的行為，張勳命令三千部下一律不准剪辮子，他的部隊被稱為「辮子軍」，而他被稱為「辮帥」。

張勳是軍人出身，服從乃是本分。大清亡了，該聽誰的呢？袁世凱入主北京，他便歸順北洋政府。張勳曾對人說：「清帝故主也，袁總統恩師也，今袁為總統，宣統仍為皇帝，余為國民服務，公義私恩，兩無妨礙。」袁世凱雖然狡詐，但至少對大清留情面，張勳便將袁世凱視為大清帝國的接管人。袁世凱命張勳征討革命黨，他便揮師南下，用火炮和炸藥轟開南京城牆；張勳陪著袁世凱走南闖北，平定各處的起義，用生命找尋自己的生命意義。

張勳雖然是一介匹夫，思想跟不上時代潮流，但能在共和已定的民國占有一席之地，自然有道理在。他為人慷慨大方，是有忠有義的漢子，出身貧寒，明白人民的疾苦，因此把大量經費用在義舉之上，他對江西老鄉的照顧尤其周到，只要鄉親開口，張勳全部滿足，甚至贈送赤田村的每一家庭大瓦房一座，讓他們開開心心過年。

除此之外，張勳還在北京捐款建立會館，資助在京的江西籍學生和貧苦人士，江西省省長邵式平、共產黨創辦人張國燾、《五四宣言》起草人許德珩都曾得過他的資助，這種做法為他在家鄉贏得良好口碑。

府院之爭的開端

一九一五年，袁世凱稱帝，張勳在此期間被封為一等公，但他不開心，他想要維護的不是帝制，而是讓清廷重新獲得掌管天下的權力。袁世凱做了八十三天的皇帝夢，便在大家的反對下倉促下臺，抑鬱而亡。雖然這次行動以失敗告終，卻勾起張勳一直以來渴求的報恩夢。

袁世凱復辟失敗後的第二年，民國大總統黎元洪與總理段祺瑞爆發「府院之爭」。段祺瑞主張對德國宣戰，而黎元洪堅決不參戰；段祺瑞對國會議員文攻武嚇，想逼他們同意，沒想到適得其反，議員們團結起來，開會罷免段祺瑞，段祺瑞灰溜溜地退避天津。

黎元洪開除段祺瑞後，段祺瑞怒從心頭起，惡向膽邊生，打算用武力把黎元洪打倒，不過他做為一個總理去推翻總統，法理依據站不住，會讓天下百姓心寒，向來注重個人名聲的「六不總理」不敢這麼做，他打算找個人代為辦事，讓他扮黑臉，自己則坐享其成。

段祺瑞首先想到的就是張勳，張勳該有的軍力都有，且對共和元勛黎元洪沒有好感，是最適合搞武裝驅逐之人。段祺瑞派出代表勸說張勳出兵入京，推翻大總統黎元洪，擁護馮國璋當大總統，恢復段祺瑞的總理之職。

張勳這位對滿清念念不忘的忠臣，一聽到就覺得報恩的機會來了，他立刻做出回應表示願意出兵征討黎元洪，不過不同意馮國璋做總統，應該擁立宣統皇帝溥儀復辟，一起回歸真祖國。

段祺瑞得到張勳的回應後覺得很失落，原本以為這老傢伙會換換腦袋，沒想到還是一樣守舊，不過正當段祺瑞打算另請他人時，他想到一個更棒的打算。先假裝答應張勳提出的條件，利用他入京，等推翻黎元洪後，再另想辦法解決張勳，自己不就成為拯救蒼生、三造共和的英雄了？

張勳正是在這個情況下，赴邀進京調停「府院之爭」。

「長達」十二天的復辟

如果要論張勳為什麼會做出復辟這項影響歷史的大事，根本原因和動力就是報恩，同時是實踐一生的信條。張勳從一名家庭破亡的士兵，當到清朝的高級軍官，金銀、美女無所不有，這一切都是在清政權的管理下實踐的夢想，讓他萌生出幾乎支配一生思想行動的「報恩思維」，這是一種無條件的反射動作，特別是在辛亥革命後，他從未慢下來思考歷史趨勢與時代大潮，恩人有難，他得不顧一切去拯救。

假如張勳能稍微思考一下，便知道這些響應者不過是政治投機分子而已，他低估政治的複雜性與陰暗面，以為北洋政府的官員們都期盼回復清朝統治，僅帶領五千名辮子兵來到北京，迅速以武裝實力趕走黎元洪，把幼小的溥儀抬出來復辟，自任首席內閣議政大臣，兼直隸總督、北洋大臣。

通電[1]中，張勳斥責民國初年的種種亂象，稱「名為民國，而不知有民；稱為國民，而不知有國。至今日民窮財盡，而國本亦不免動搖」，而所謂共和制度，「五年更一總統，則一大亂；一年或數月更一總理，則一小亂」。

張勳的話確實是由衷之言，或許是因為民國真的太亂，在北京聆聽張勳慷慨激昂演說的市民們，竟深受感動，將家中塵封已久的黃龍旗掛在外頭，一時間遍地旗海飛揚，自清帝遜位便一直冷清清的紫禁城再次喧譁活躍起來，街面到處都站立拖著長辮子的部隊，張勳正式接管北京的治安。

此時的張勳大有「斯人不出，如蒼生何」之勁頭，直隸省長朱家寶、吉林督軍孟恩遠、安徽督軍倪嗣沖接連聲明贊同復辟，其他地區的人則在觀望風向，呈現一片沉默，復辟似乎已經成為既定事實。

復辟後歡慶景象的同時，段祺瑞在天津悄悄地觀望，他接到黎元洪追悔莫及的電報，請託他幫忙討伐張勳，承諾重新任用段祺瑞為國務總理，馮國璋代行大總統職務。對於這項優厚誠摯的回應，段祺瑞沒有過多猶豫，他在天津馬廠誓師，大斥張勳開歷史倒車，必須征討之。

終是一場黃粱夢

有了段祺瑞率先開炮，國內反對復辟的聲浪全出來了，原本沉默不語的人們，甚至原本表態支持復辟的人們，全都站出來反對。當年幫袁世凱搞稱帝的楊度也發布通電，堅決不贊成清廷「復辟」。

得知各省督軍反對復辟後，張勳非常生氣，大罵他們不仁義，他這時才知道，原來自己被段祺瑞擺了一道。他恨恨地說：「他們推我出來搞復辟，原來是在耍我，怕什麼？到時候就把內情抖出來，難道是我一個人要復辟的嗎？」

復辟行動開始前，張勳曾令人找來一塊黃緞子，讓大家在上面簽字畫押。簽字的人有安徽省長倪嗣沖、徐樹錚、馮國璋的代表胡嗣瑗、段祺瑞的代表曾毓雋等清一色北洋體系官僚，這是他們支持復辟的依據。

張勳氣沖沖地叫來部下萬繩栻，要他把那塊黃緞子公諸於世，讓全國人民知道這場弄虛作假的陰謀，然而萬繩栻根本找不到黃緞子，因為它早就被胡嗣瑗用二十萬大洋偷偷買走。得知消息後，張勳火冒三丈，只能痛斥北洋系的同僚背信忘義、出爾反爾。

段祺瑞似乎明白自己做得太狡猾，只怕風聲走漏，不但當不成英雄，還會被眾人唾棄，便想快點息事寧人，下令各路討逆大軍全數開往北京。

張勳搞復辟只帶十營軍隊，其餘主力放在根據地徐州，由張文生管理。上京前，張勳叮囑：「我如果發電報，上面寫速運花四十盆，就立刻調四十營兵力開往北京。」可是到了緊要關頭，張勳卻發現張文生早已被段祺瑞策反，他接到電報，竟真的派人把四十盆姹紫嫣紅的鮮花運過去。

不到十天的復辟期間，張勳的辮子軍從昂首闊步到茫無端緒、人心渙散，直到段祺瑞率領大軍到來時，士氣早已經糟到不能再糟了。僅一週，五千名辮子軍全線崩潰，不少士兵自己割掉辮子投降，段祺瑞派遣航空隊往紫禁城投彈，雖然沒有造成太多傷亡，但裡面的人們已經嚇得魂飛魄散，宮中的宮女、太監們膽小怕事，竟紛紛指責張勳不該搞復辟，要是平平安安地過活，就不會有現在這種情況。對此張勳又冤又怒，他可是為了清廷好才復辟，沒想到這群人不但沒有遠見，還在緊要關頭把苗頭對準自己人！

一九一七年七月八日，討逆軍攻入北京，殘餘的辮子軍退入北京內城。當晚討逆軍一炮擊中張勳住宅，頓時火光沖天，哭聲四起，張勳強忍哀痛，仍依循著舊朝禮法，在隔日早晨向皇帝及宮中臣子報備事務，不過，幼小的溥儀根本無心聽取會報，只是自顧自地做自己的事，而一旁的臣子們各個面露厭惡，彷彿將張勳視為麻煩人物，要是沒有這次復辟，他們還能在宮中繼續偷閒，張勳耗費心力搞的復辟，在他們眼中，似乎只是可有可無。

張勳仰望著龍椅上的小皇帝，對自己的信念產生動搖，這可能是人生中第一次懷疑他所做的決定。如果讓這位十二歲的孩子掌管天下，真的會從此富強嗎？外部殺機伺伏，內部人心渙散，奮鬥究竟是為了誰？張勳此時才領悟到，復辟只是他的一廂情願，他所鍾愛的大清已經不見了，這十二天的賣命奮鬥，在外人看來僅是一場兒戲。他黯然坐上荷蘭使館的汽車，逃離北京這塊是非之地，討逆隨即宣告結束。

一位老實人的餘生

張勳復辟到失敗僅十二天，輿論一直譴責，他成為大家嘲笑的人物，北洋軍閥倒也沒拿他怎麼樣——說穿了，大家都知道他只是一個愚忠的老實人。

很多人都勸張勳把辮子剪掉，鬧出那麼大的風波，如果不做點有誠意的反悔，將為天下人恥笑，但他爽快地拒絕，正如他所言：「吾回天無力，尚可獨善其身。腦袋在、辮子不掉。」他必須效忠大清，因為那是曾給予他一生榮耀的恩主。

要說這次復辟行動，張勳獲得什麼成長，就是明白大清的萬丈光芒已不可複製，他將復辟事件視為人生最後的報恩行為。人生的後半時光，他脫下紅頂帽，卸去軍服，開始老老實實經商貿易，賺了很多錢，名下的企業有七十餘家，資產超過五千萬元，大有東山再起之感。張作霖曾提出讓他擔任長江巡閱使兼安徽督軍，徐世昌也請他出任全國林業督辦，但張勳一概拒絕，他認為滿清既已無力回天，自己失去待在軍界的意義了。

張勳的後半生基本上過得不差，稱得上是民國少數得以善終的人物。

一九二三年九月十二日，張勳因病在天津逝世，終年六十九歲。與同樣復辟失敗的袁世凱不同的是，張勳不是孤苦寂寞地逝去，當他病重時，床榻旁坐著的是他所喜愛的小妾、名旦，以及家鄉的朋友，一刻不離地陪伴著他，且時常以京劇來逗他歡喜。

張勳生前對江西老鄉很好，靈柩從天津運往老家江西安葬時，沿路的同鄉百姓皆聞訊前來相送，送行隊伍竟連綿數里之長，成為江西當年最轟動的大事。後來張家在各方幫助下，特別出版一本《奉新張忠武公哀輓錄》，翻開這本厚厚的簿子，可以驚奇地發現，昔日對張勳痛恨得牙癢癢的政治領袖，在張勳真的離開時，竟都悄悄跑來悼念！其中還包括諸多共和元勛，我們拿三位名人輓錄舉例：

江西都督歐陽武：「戴髮效孤忠，無言不仇，無德不報；丹心照千古，其生也榮，其死也哀。」

前國務總理熊希齡：「國無論君民，惟以忠心為大本；人何分新舊，不移宗旨是英雄。」

前國務總理錢能訓：「千載凜然見生死，九廟於今有死臣。」

現代多數人都認為張勳體現的是一種愚忠和愚孝，如果能以氣節角度來看待他，他展示的則是一種文化傳統的終結。在遭遇幾千年未遇之大變局的時代，爾虞我詐的政治氛圍甚囂塵上，傳統士大夫的忠義氣息瀕臨崩滅，眾人為了彼此的目的相互廝殺，政治氛圍朝秦暮楚，沒有一定的堅持。

儘管張勳文化程度不高，思想程度更是一塌糊塗，但他保留中國傳統文化精髓——忠孝節義，直到人生的最後一段歲月，他仍留著長長的髮辮。堅持自己的內心，從來不違背自己的原則，也許他人覺得張勳的一生活得不成樣子，但那是他想要活成的樣子。一生侍奉一主，一生奉行一事，不狡猾、不獻媚，不為時代所變。

也是吧！不擇手段非豪傑，不改初衷真英雄，張勳雖然是愚忠，但可以說是一個值得敬佩的人物了。

1　指稱一種電報，以眾多的受眾為目標，通常發給多個接收人。屬於「公共的」，由明碼電報拍發，或是被刊登在報紙上廣為人知。「通電全國」則是以空前力度發給全國各大媒體乃至重要政要的電報。

考不過科舉？我就把它廢了
——學渣袁世凱的逆襲之路

人物小檔案

袁世凱（一八五九年九月十六日～一九一六年六月六日）

大清帝國內閣總理大臣、北洋新軍領袖、中華民國首任大總統，對近代中國的發展有一定的影響與貢獻，但因復辟帝制等行為受到批評。

考試制度在中國歷史上的地位舉足輕重，各個時期的任官制度、教育內容大致圍著它轉，人們常說「十年寒窗無人問，一舉成名天下知」，考試給予底層百姓厚望，是唯一能改變家族命運的道路。然而明、清以後，取士的標準逐漸狹窄化，學校教育依然一成不變。導致清代以後，許多歷史上的成功人士往往都是學渣出身，以另尋他路的途徑成功逆轉勝。

最好的例子就是洪秀全，典型的低智商，看書就像對著磚塊瞪眼一樣，即便讓他再考八輩子也「考不上大學」，沒想到造反竟很有天分，做了近十四年的天王。再者就是曾國藩，整整考了七次才當上秀才，然而指揮淮軍打仗戰無不勝，被時人稱之「天下之至拙，能勝天下之至巧」。

不過，這種逆襲之路頂多只是戰勝自己的命運罷了，若要與袁世凱相比，他們可遜了一大截，原因無他，袁世凱除了戰勝自己，更戰勝體制。他從小不愛讀書，考三次秀才都考不上，最終尋找其他出路，成為達官顯要，還順帶廢除延續一千三百年的科舉制度！相反的，當初的「學霸」卻少有這種成大功者。所以，學渣不可小覷，學霸不必自驕，論一生成就，還看今朝！

書香世家的老鼠屎

袁世凱出身於河南項城的望族，家族往前算幾輩全部都是做官的，叔祖父曾做到漕運總督，統管全國漕運事務，不可謂不威風。但到了袁世凱這輩，讀書的天分似乎到了盡頭。袁世凱對學習文化知識不感興趣，尤其討厭讀古文，他認為這些都是空泛的漂亮話，表面看起來什麼都對，實則毫無積極作用。

用今天的語言來說，袁世凱就是典型的學渣，體悟不出書本的內涵，上課不聽講，總把老師氣得吐血，特別是在八股應試的申論題，被師長評價為「文字蕪穢，不能成篇，奪既無從刪改」，意指文字東拼西湊，天馬行空，想改都改不了。

明、清八股取士不是寫八股就算完成，是要緊扣程朱理學綱要，行為以四書五經為題。換句話說，只能從儒家幾本書裡找話說，一說幾百年，該說的東西都說完了，自然提不起袁世凱的興趣。袁世凱的養父與叔父常督促他讀書，表示要好好上進，效法袁氏家族的學霸長輩，不然會成為家庭的恥辱，但每當面對這些腐朽不堪的文章時，他總是雙手一攤，任由自己擺爛。

其實袁世凱很聰明，只是興趣不在這裡，實際上他的智商超乎想像，史料不乏有諸多人物親見過袁世凱記憶絕好、過目不忘的真功夫。像是林徽因的父親林長民舉辦喪事時，袁世凱聽過一次悼文，竟能一字不落地背誦下來，背著背著還淚流滿面。還有一回，革命元勛張鋕受到袁世凱的接見，雖然兩人從未見過面，但憑藉報章雜誌的印象，袁世凱竟將張鉽何年何月所幹何事都背出來，最後總結他的人生缺失：「一不要急著做官，二不要貪錢，三要多讀書。」嚇得張鉽背脊發涼。

有趣的是，少時的袁世凱雖不愛讀古文，但很喜歡研讀兵法，經常花費重金在各地尋找各種兵法書籍，立志要做「萬人敵」，自稱「要是手上掌控十萬精兵，就可橫行天下」，大家都認為他是讀書讀傻了，被人譏笑為「袁書呆」。

有許多史料表明袁世凱有嚴重過動症，成年後依舊沒有改進（例如不自覺抖腳，不能長時間坐著），這可能是他讀不了四書五經的原因。撇開考取功名，袁世凱其實很有文采，字裡行間透露出一股銳不可當的霸氣，十一歲時，相當於小六學生的年紀就曾寫詩詞：

東西兩洋，歐亞兩洲，只手擎之不為重；吾將舉天下之士，席捲囊括於座下，而不毛者，猶將深入。

堯舜假仁，湯武假義，此心薄之而不為；吾將強天下之人，拜手稽首於闕下，有不從者，殺之無赦。

十五歲時，家中長輩見他遊手好閒，就讓他到教育資源豐富的北京讀書。長輩的嚴格要求下，袁世凱在北京正正經經地讀了幾年書，雖然尚不入門，但已稍有改進，後來他聽從長輩安排，返回河南參加科舉考試，但事不如人願，沒有考上。

屢試不第，心灰意冷

多次申論題不過，袁家無奈之下，只得出錢走後門，幫他納捐納到「監生」，學歷等同於秀才，可以進入清王朝最高學府國子監讀書，相當於獲得免試保送的資格，但要獲取功名出仕為官，尚需通過國家公務員考試，就是參加三年一次的鄉試考取舉人。

鄉試比秀才的歲試難多了，袁世凱考不過歲試，鄉試對他自然更難。養父袁保慶死後，袁世凱的叔父袁保恆和袁保齡，仗義地承擔起撫養責任，將他帶到北京居住，一來方便照顧，二來能逼他好好讀書，日後好出人頭地。袁世凱就這樣待在北京四年，和達官貴人的子弟一起念書、背誦詩文，可即使再怎麼學習，他始終對申論題有著強烈的牴觸情緒，親友們試圖讓他讀書、走通科舉之路的願望注定要落空了，他終究不是讀書應試的那塊料。

十七歲那年，袁世凱在叔父的指示下回到戶籍地河南參加鄉試，毫不意外地落榜了。袁世凱灰溜溜地回到北京，當時華北大旱成災，袁保恆奉命到開封幫辦賑務，他帶著袁世凱同行。袁世凱雖讀書不成，但賑災期間卻表現出相當強的辦事能力。

袁保恆感染瘟疫去世後，袁世凱再度參加鄉試，這次準備得特別用心，就他所說，天天挑燈夜戰，甚至累到吐血，但一看考題，仍寫不出來。最後一次的試卷裡，他心灰意冷地寫下兩句蒼涼的聯句：「重門驚蟋蟀，萬瓦冷鴛鴦。」遂離開考場，一去不返。

袁世凱回到家後不發一語，靜靜地前往書房，將所有書籍翻箱倒櫃扔在地板上，一把火燒毀，他下定決心跳出死板的科舉，即使不走尋常路，也能靠天賦走出一片天。在冉冉火光的照耀下，袁世凱寫字勉道：

大丈夫當效命疆場，安內攘外，烏能齷齪久困筆硯間，自誤光陰耶？

於是，落榜生袁世凱憤而率領家鄉的數十位朋友出走，投奔當時駐防登州的淮軍將領、養父的結拜兄弟吳長慶。

儒將吳長慶

軍營生活是袁世凱期盼已久的，然而到登州後，他沒有立刻發揮軍事天賦，相反的，依然深陷在考取功名的爛泥中。

當時的上級是吳長慶，時人稱為「儒將」，出生於讀書家庭，談吐溫文儒雅，絲毫沒有軍事將領的氣息。軍中的生活畢竟粗獷且不拘禮數，吳長慶在軍營待久了，難免覺得自己和這群頭腦簡單、四肢發達的生物沒有話聊，一聽說有個讀書人來投靠，覺得非常欣慰。他將袁世凱召入營裡聊天，請來最得力的助手協助他讀書，這個人就是後來著名的實業家張謇。

吳長慶不知道袁世凱是因為不想考取功名才參軍，面對上級真誠的幫助，袁世凱不能不給吳長慶面子，但對科舉，他已經厭惡至極，這該怎麼辦才好呢？

那就裝死吧！

袁世凱將自己裝成一副愚笨的樣子，就像孔子說的「朽木」，任憑再高明的老師都教不會他。張謇教了幾堂課就大為惱怒，袁世凱則裝作一副無辜模樣，說自己志在沙場，真不是讀書的料。

張謇不是古板人，見袁世凱確實不喜歡讀書，就不再勉強。於是任命袁世凱為營務處幫辦，負責協助處理各項軍政。得到這份工作，袁世凱又驚又喜，晚上出門總提著大燈籠，上頭寫著「幫辦營務處袁」的大字，神采飛揚，招搖過市。

做自己喜歡的事情，才能充分發揮內在潛力。袁世凱歷經九九八十一難，總算修成正果了，原有的無賴之氣漸漸消去，成為一名合格的戰士。

小站練兵與新軍成立

一八八二年是鄉試年，二十三歲的袁世凱本想報答張謇，再賭一次鄉試，但滿清屬國的朝鮮爆發「壬午兵變」，朝廷就近派吳長慶率領慶字軍鎮壓叛亂。這一去，袁世凱錯過了科舉考試，不得不說真是替他鬆了口氣。

在此期間，袁世凱表現出極硬的業務能力，事情愈苦，別人愈避之唯恐不及的任務，他總是衝第一個去做。有一回，為了勘察適合停靠船隻的海岸，袁世凱光著腳丫在岸邊徒步前行近一公里，石礫和貝殼碎片刺著他的腳，到達目的地後，腳底已經血肉模糊。水師提督丁汝昌聞知後非常驚訝，說道：「紈絝子弟，亦能若是耶？」（富貴人家的子弟，有誰能做到這樣？）

袁世凱在朝鮮嶄露頭角，改變人生軌跡，兩年後，凱旋歸國，被授予「駐紮朝鮮總理交涉通商事宜大臣」，還被安排覲見光緒皇帝。一八九五年，袁世凱因表現突出，被舉薦負責督練北洋新軍。

對袁世凱來說，統領軍人比做文章容易多了。在袁世凱的調教下，新軍放棄原來的八旗軍舊制，轉而採用西方軍制，尤其注重武器裝備的近代化，透過各種關係獲得外國當時最先進的武器，例如馬克沁機槍、毛瑟步槍、防空氣球等。他勇於聘請外國教官，敢於爭取機會，新軍很快就成為清廷紀律最好、軍力最強大的部隊。袁世凱無不自滿地說：「練兵事看似複雜，其實簡單，主要是練成『絕對服從命令』。我們一手拿著官和錢，一手拿著刀，服從就有官和錢，不從就吃刀。」

袁世凱一輩子靠的就是深諳人性，長於識人、敢於用人，手下將領中，既有張勳這樣的淮軍舊部，也有新式學堂畢業的馮國璋、段祺瑞，還有自己的親朋徐世昌等。每到發銀餉的日子，袁世凱為了避免軍官剋扣，總會親自登臺，像授予勛章那樣，一個個發給這些士兵，藉此培養將士的忠心。除此之外，挑選新兵時，只挑貧苦農民子弟，不要富家子弟、抽鴉片、耍流氓的，這些都是他練兵成功的原因。

創立山東大學

袁世凱受命在直隸、山東等地任職，執政的過程中，他回首自己的求學生涯，再對比現在的豐功偉業，不禁發出感嘆，自己沒文憑、沒學歷，走的路比起其他人坎坷許多，雖然後來成功了，但絕不能讓後代子孫都這麼做，四書五經實在害人不淺，清廷要富強，一定要讀有著邊際的東西，所以他在各處興辦新式學校，走到哪就辦到哪。

當了山東巡撫後，袁世凱開始琢磨怎樣在當地興辦現代化大學。那時全國只有一所大學——京師大學堂，就是後來的北京大學。雄心勃勃的袁世凱寫一萬四千字的奏摺給光緒皇帝，有這樣一段話：

俾人人知時局之艱難，國恩之深重，感而思奮，窮而思通。公家設立學堂，是為天下儲人才，非為諸生謀進取，諸生來堂肄業，是為國家圖富強，非為一己利身家。庶幾所志者閎，而所就者亦大。

為天下儲人才，為國家圖富強，這句話多麼熱血呀！果然袁世凱的摺子很快獲得批准，在濟南濼源書院正式創辦官立山東大學堂。由此，山東大學堂成為繼京師大學堂之後創辦的第二所國立大學，也是清廷第一所制定校規的大學。後來袁世凱接連在一九〇二年奏請將北洋大學堂（天津大學前身）復校，一九一二年組建河南留學歐美預備學校（河南大學前身）。掐指算來，三所大學的創立都與袁世凱有關，功勞可謂不小。而他確實完成兒少時的初衷，就是證明自己不是學渣，渣的是舊體制、舊思想才對。

廢除科舉的來龍去脈

其實，庚子後新政（清朝末年的一場政治體制和經濟改革運動）開始後，國內不是只有單一的科舉制度，湖廣總督張之洞提出的折衷方法就是逐步廢除科舉，新、舊兩制度並行，就像今天的學測和指考，舊制度（科舉）沒有馬上廢除，但名額會逐年縮減，而新制度（朝廷新設立的京師大學堂）雖然現在名額有限，但將逐年加開。這種方法博得朝廷的認可，於一九〇一年開始實行。

但這種看似中庸的辦法，實際上沒有改變什麼。大學堂的名額成長十分緩慢，而舊制度的考生人數依舊龐大，且更重要的是，雖然創辦了大學堂，舊思想卻還未清理乾淨，京師大學堂的畢業生是由官方委派到不同地方工作，由於這些人工作地點分散，在現實生活中，常被科舉上來的達官貴人排擠，就算有不少才能，也根本展現不出來。

李鴻章逝世後，袁世凱被慈禧太后選為繼任者，順利當上北洋通商大臣，負責管理與承辦北洋三省有關通商、洋務、海防、教育等事務。袁世凱立志改變這種四不像的現況，決定拉上張之洞，兩人手連手、心連心，於一九〇三年三月一起上報朝廷，要求全面廢除科舉。

廢除科舉是很嚴肅的話題，儒學做為國家考試選拔人才的機制，已經延續一千三百年，古代那些大名人蘇軾、韓愈等，無不以此種制度上任當官。甲午戰爭後，已經有許多大臣接連提出要全面廢除科舉，但除了戊戌變法時曇花一現外，朝廷都是持保守態度，畢竟廢除科舉，一輩子都在考科舉的儒生怎麼辦？難道那些參考書、學費都白白浪費了嗎？

朝廷不想得罪他們，正好當時有個保守派大臣王文韶跑來發話，他是進士出身，身兼軍機大臣之位，曾在八國聯軍時拿著軍機處大印，與慈禧一起逃往西安。他代表著舊式教育體制，與新興的袁世凱勢不兩立，為了阻擋時代進程，在朝堂上爭得可謂雞飛狗跳，甚至搞起情緒勒索，號召多名舉人集體吊白布自殺。最終，在王文韶的拚命阻擋下，朝廷將袁世凱的上奏退回。

袁世凱這次是失敗了，但他不氣餒，此時王文韶已經是七十多歲、髮禿齒豁的老人，而自己只是中年大叔，只要再等個幾年，一輩子的夢想肯定能圓。果然，兩年後，王文韶申請退休。袁世凱馬上找來好夥伴張之洞，聯合兩江總督周馥、兩廣總督岑春煊及湖南巡撫端方等封疆大吏，於一九〇五年九月二日聯合上奏《請廢科舉折》：

科舉一日不廢，則學校一日不能大興，學校不能大興，將士子永遠無實在之學問，國家永遠無救時之人才，中國永遠不能進於富強，即永遠不能爭衡於各國。

袁世凱找了南北各地的清廉大官，擺出一副不廢科舉就要亡國的架勢，而少了王文韶，保守派大臣顯得勢單力薄，反對聲浪自然變少，朝廷迫於壓力，只能於同日下詔將所有科舉考試全部停止。

落榜學渣的成就

科舉制度在袁世凱的推動下被廢除，讓身為落榜生的他感到得意，後來經常與子女談起此事，認為這是他一生中幹過最有成就的事情。事實證明，科舉或許能當檢測智商的辦法，但在兩千年未有之變局中，根本沒有實用性，拿科舉廢止前三屆的進士狀元來說，基本上後來成就都不怎麼樣：

光緒二十八年狀元，王壽彭：民國後任職山東大學第二任校長。

光緒二十九年狀元，袁嘉穀：民國後擔任國會議員，後成為雲南省政府顧問。

光緒三十年狀元，劉春霖：出任中華民國總統府內史，相當於祕書。

這些人雖然有一定地位，但和袁世凱比還差了不只一小點，首先是王壽彭，任職的山東大學正是連秀才都考取不了的袁世凱親手建立的；再說袁嘉穀，他雖然贏過全清朝的考生，站上考試界的最頂端，但在國會期間毫無建樹，只是個橡皮圖章；而劉春霖更慘，這位上知天文、下知地理的狀元，在民國成立任職總統祕書，整天與曾把四書五經燒成灰的袁世凱朝夕相處，點頭哈腰，實在夠諷刺吧。

袁世凱雖稱不上是英雄，但能以落榜學渣之勢，在清末民初之際抵擋千萬老舊腐儒，橫掃千軍似地改革，算是成功勵志的典範。在條條大路通羅馬的時代，落榜算得了什麼呢？我讀書讀到吐血、連續三次考試都沒上榜，被實業家張謇罵到臭頭，但仍舊找到自己的一片天，在座的各位有什麼資格言敗呢？失敗的只是一次考試，而不是整個人生！

民主式賄選總統

——曹錕與雙十憲法

人物小檔案

曹錕（一八六二年十二月十二日～一九三八年五月十七日）

民國北京政府軍上將軍（直系），靠疑似賄選而當選第三任中華民國大總統。

曹錕在歷史上留下的名聲不太好，很多人對他的第一印象是陰險狡詐，畢竟在歷史教科書中，他的初登板（也是唯一一次出場），就是幹了賄選的醜聞，惹得南方的孫中山爆氣，展開一連串口誅筆伐。不過，書上沒有講到的是，曹錕為什麼那麼想追求政治地位，以及他執政後做了什麼事。

曹錕在民國軍閥史中是相對邊緣的人物，畢竟他不如張作霖、張宗昌等人具有「趣味性」，也不像段祺瑞、吳佩孚等人具有人格魅力，但假如我們願意了解，可以發現他是個很有深度的人物，雖然被賄選的汙名所掩，其行為卻是最合乎法律約束。

擅長用人的軍事生涯

如果要一言以蔽曹錕三十多年軍事生涯中的最大智慧，就是「用人」。

曹錕原本是袁世凱的一員將領，早在小站練兵時就已經加入，但他沒有非常突出的才藝，拿槍作戰不在行，策畫戰略也不行。袁世凱曾經培養自己的三大愛將「龍虎狗」，分別是王士珍、段祺瑞和馮國璋，他們早在清末時期就已經在軍政舞臺上閃耀，而身為同期的士官，曾經進入天津武備學堂的曹錕卻只能當第十一營管帶（營長）。

不過，即使曹錕沒有耀眼的軍事才華，但他有個無人能及的長處，就是用人，胡適曾說：「曹錕的長處是公平。因為公平，所以提拔出那麼多走卒式的將領。」曹錕以大智若愚著稱，善於處理各種複雜的人際關係，凡是共事過的部下，不管軍銜高低，只要有才就絕不輕待，給予他們非常大的自由。曹錕不熟悉軍事作戰，於是將對地方土匪的清剿任務都交給合適的下屬處理；不熟悉北方的地理環境，於是將行軍路線都交給當地的親信去做。正是靠著這種用人不疑的精神，辛亥革命爆發前夕，曹錕因管理軍隊有方，被賦予副都統（軍團司令）的要職。

事實證明，曹錕的為人之道是成功的，曾有一次，曹錕結識軍校測量科出身、不受重用，還因犯過錯被革職的軍官。他卻獨具慧眼，把那名軍官從營長提拔成炮兵團長，接著逐級遞升旅長、師長，後來那名軍官成為一代戰神，就是吳佩孚。有人提醒曹錕這是養虎為患，但他總是為其辯護。

吳佩孚後來果然成為曹錕的最大能手，滿清覆亡後，軍閥混戰，曹錕愈混愈好，愈混愈大，先做了大總統袁世凱麾下的第三師師長；袁世凱倒臺後，仗著吳佩孚的爆表戰力，在直皖戰爭打垮段祺瑞政權，於第一次直奉戰爭擊敗張作霖。吳佩孚忠心於讓他嶄露頭角的曹錕，也使曹錕得以成為主宰中央大權的實力派人物。

不可靠的傻子總統

第一次直奉戰爭後，曹錕已是中原地區的老大，他說第二沒人敢說第一，他可以像段祺瑞那樣，挾個總理的位置，掌控中華民國，控制大總統，做個把持朝政的隱面人，但正如學者劉仲敬所言：「憨厚的曹錕不願做名不正言不順的僭主，堅持追求合法名分。」

曹錕回顧自民國成立以來十二年的政治歷史，從袁世凱擔任大總統以來，乃至直奉戰爭開打，朝野上下沒有一年安靜，二次革命、袁世凱稱帝、府院之爭、張勳復辟……哪一起事件不是生靈塗炭，哪一場戰爭不讓發展停滯？就曹錕所構想，這些政治事件雖然各有因果，但爆發原因都得歸根到法律的草率與不足。

也是吧！民國雖然是共和之國，法律卻是無人重視的花瓶，先前孫中山推出的《臨時約法》，以及袁世凱公布的《中華民國約法》，內容都太過於空泛且缺乏拘束力，例如《臨時約法》雖然規定人民享有言論自由，但在實踐中根本無法執行，他們沒有界定法律的邊界在哪，保障的基底在哪，五四運動就是這樣被鎮壓的。

曹錕認為，想要讓自清末民初以來長達十餘年頻繁的政治交替停息，讓中國有一個大一統而穩固的民主政治體系，就得終止民初僭主盛行的風氣，他想引入西方的憲法制度，以此明白列舉地方事權的範圍，將一切秩序重新分配好，中國政治得以從連年混戰中脫離出來。

曹錕研究《中華民國臨時約法》，明白合法的總統必須透過國會選舉產生，而中華民國之憲法也是由國會制定。於是他把苗頭對準國會議員，開始百般討好他們。

曹錕賄選了嗎？其實不然，但他繞了個彎，做了一個與賄選效果相當的事情。上一屆的國會由於政治動盪，發薪頻率很不固定，「三個月只能發一個月，而一個月又只發七成」，國會議員欠薪數量巨大，因此索薪風潮頻頻迭起。曹錕利用這個機會將議員原本該拿到的東西「還給他們」，藉此得到許多議員的好感。

一九二三年十月五日舉行總統大選，共有五百九十名議員參與投票，其中四百八十名投給曹錕，毫無懸念地獲選，成為中華民國最早的民主選舉總統。

可以說曹錕是在討好議員，但稱不上是賄選，款項是經財政總長及內閣等同意，再轉交給國會，完完全全合法，走的是行政程序。除此之外，他在程序上嚴格遵守《中華民國臨時約法》的規定，對法定人數等都要求細緻；另一方面沒有採取任何暴力，有的人拿錢不投票，他不曾採取報復手段。

曹錕的這個職務說來還是不太正當，沒等他就任，南方的國民黨就開始通電各種臭罵，曹錕倒是不太在乎。大選後五天，正是中華民國十二年國慶，曹錕在老家保定接到新總統的當選證書，在夾道歡迎的人群下踏上專列駛向北京，準備正式執政。

賄選的來龍去脈

由於受到後世的政治影響，曹錕賄選事件成為舉國痛罵的大笑話。但在人們關注總統選舉合法性時，卻忽略對曹錕總統生涯的了解與評價。

從曹錕的種種執政表現可以看出，同樣是軍閥，他和其他北洋軍閥截然不同，雖然是軍人出生，卻不崇尚威權統治，憲法與國會在民初時期很受當權者討厭，袁世凱、黎元洪、馮國璋、徐世昌都不喜歡受憲法約束，所以正式憲法一直沒有提出，但到了曹錕，就職當天便正式宣布頒行《中華民國憲法》（雙十憲法）。

這混亂的年代，有一位當權者願意接受民初的憲政體制，無疑是難能可貴。曹錕當了兩年總統就被推翻，自己落得一番窘境，《雙十憲法》也被收回，而中華民國下次憲法的真正實行，已經是一九八七年了。

曹錕靠著賄選上任，但諷刺的是，他的所作所為卻是最合乎法律約束的。

這部憲法注重對民國建立以來憲政制度實踐經驗的汲取，特別是在確保國家統一的原則下，遵循聯邦制度原理，在政治、行政、財政等方面，嘗試構建中央與地方的新型合作關係，創設一種「綜合體現西方近代憲法理論和憲政原則，以及中華民國十年共和歷史的政治實踐和立法經驗」的集大成。

政體運作方面，《雙十憲法》實質終結長達數十年的府院之爭。依照一九一二年《臨時約法》的規定，總統做為國家元首，雖然享有一定的政治權力，但不是實際的行政首長，國會才是整個政府的行政中樞，國務總理則做為行政首長。不過，《臨時約法》的起草不太精細，總統和國務總理的權力沒有劃分好，時常讓兩方爆發衝突。

曹錕登上總統寶座後，沒有執著於獨攬大權，他將憲法規定為總統需要國會選舉產生，賦予總理相當大的行政實權，詳細擬定府院公務分配，基本上能夠做到府院和平共處，相安無事。除此之外，他賦予各省自訂《省自治法》，給予各省相當大的權力，以正式列舉之方式，明定中央與地方的個別事權，依照事件的大小程度及性質，分別歸屬國家或各省，這份規定類似於「聯省自治」，等同是在保障各地軍閥既得利益的同時，逐步收回一點中央的控制權，使國家得以效仿美國，從獨立初期地方不信任中央、中央無法控管地方的狀況，漸漸轉變成一股擰成的繩子。如果這部憲法得以實施，就再也不會發生連年內戰和個人獨裁。

除此之外，曹錕還做了一件大事，就是將「新聞自由」納入憲法，國會和總統都無權干涉新聞報導。當時反對曹錕上臺的《北京報》曾大肆諷刺：「有錢能使鬼推磨，矧在見金」、「票價名為五千元，然實為起碼數，有八千者，有一萬者」、「以為犒賞，此賄選之大概情形也」。曹錕對此真的實踐諾言，就讓他們說，我做好事情就可以。

現在的憲法相當程度上借鑑了曹錕的《雙十憲法》，就其總綱來說，幾乎一模一樣：

第一條：中華民國基於三民主義，為民有民治民享之民主共和國。

（雙十憲法：中華民國永遠為統一民主國。）

第二條：中華民國主權屬於國民全體。

（雙十憲法完全相同。）

第三條：中華民國領土，依其固有之疆域，非經國民大會之決議，不得變更之。

（雙十憲法：中華民國國土依其固有之疆域。國土及其區劃以法律不得變更之。）

第四條：具有中華民國國籍者為中華民國國民。

（雙十憲法：凡依法律所定屬中華民國國籍者為中華民國人民。）

第五條：中華民國各民族一律平等。

（雙十憲法：中華民國人民於法律上無種族階級宗教之別，均為平等。）

第六條：中華民國國旗定為紅地，左上角青天白日。

（雙十憲法無國旗格式之規定。）

《雙十憲法》相比目前的憲法，思想更不受限縮，且更加著重在以法為重之上。以現在的眼光來看，國民大會早已廢止，三民主義日漸為人遺忘，國旗陷入非議，目前的憲法已充斥爭議，但假如以曹錕的憲法觀看，我們會驚奇地發現，這些規則竟還適用於今日，這是其構思的巧妙之處，沒有多加限制，只是打下最基本的要點，這就是國家建立憲法的靈魂初衷所在。

曹錕憲法的最大特點是關於保護「國民權利」的規定比任何一部憲法都全面、具體。例如非依法律不受逮捕、監禁、審問或處罰；人民之住居，非依法律不受侵入或搜索；人民有居住自由、結社自由、信仰自由、言論著作及刊行之自由、選舉權、被選舉權與請願和陳訴之權等。曹錕尊重民主，但又不尊重民主，《雙十憲法》不失為一部優秀憲法，只可惜在賄選的陰影之下，歷史定位多多少少顯得黯淡。

尊重專業

曹錕雖然只當了短短兩年總統，但在政治的各層面幾乎都有所著手，對專業人士尤其重視與尊重，例如外交總長顧維鈞，他從袁世凱執政時就開始任職外交官，巴黎和會就是他去談判的，國內外的外交經驗都很足夠。有一次因為駐英公使的人選問題，和陸軍總長陸錦大吵一架，事後陸錦仗著與曹錕的親信關係，跑去「申冤」，沒想到馬上被曹錕教訓一頓：

「正因為我們不懂外交，才請顧先生來當外交總長。顧先生對外交有經驗，你們憑什麼干預？對不起，這件事我得聽顧先生的，正像你們分管的領域，別人不能插手一樣。」

曹錕的公私分明感動了顧維鈞，日後的外交事件中，他果然不負眾望幫了大忙。一九一九年，曹錕在大本營保定創立河北大學。只要他在該校，就常在教授休息室等候，以問候下課的教授。他開給教授的薪水很高，每次發薪水，曹錕都用紅紙包好，以托盤呈送給教授。這樣還感到有些對不住人家，內疚地說：「你們這樣用腦，每月那點錢，還抵不上你們的血汗呢。」

北洋政府對待教育、知識的態度，基本上保持開放，政治和學術必須分開，絕不能插手或混為一談，而這在曹錕時期特別明顯。北洋時期培養出那麼多世界級大師，絕不是偶然。

馮玉祥政變

曹錕的統治下，民國國會出現難能可貴的穩定營運，議會政治在北洋時期命運多舛，動不動就被解散，用處都沒發揮，但曹錕當權的時段，國會復會為史上最長，歷時二年多，以臨時會議形式存在，發揮一定的監督功能。而曹錕比較尊重國會的立法權，即使是在一些外交問題與國會產生意見分歧，一般只是採取協商方式，必要時做出妥協與讓步。

可惜的是，一九二四年元旦，第一屆國會眾議院議員任期已經屆滿，曹錕政府還正式頒布下屆眾議員改選令，正是在這個時間點，奉系東北王張作霖透過收買曹錕的心腹愛將馮玉祥，令他發動北京政變，直系上下人人惶恐不安，國會此時再度停止運作。以曹錕等直系人物堅持憲政制度的政治立場，至少形式上勉強維持下去的可能性是有的。只可惜，曹錕最終鎮壓不過政變，馮玉祥的軍隊包圍總統府，劫持曹錕，將其囚禁在團城（北京一處封閉的演武廳）。

曹錕可能作夢都想不到，機關算盡太聰明，自己建構中國歷史上第一部全面性的憲法，卻讀不透人心的險惡；歷來信賴下屬，將所有事情都交給下屬去做，沒想到這種方法卻在混亂的民國時期走不遠。此次政變中，曹錕信賴的部下孫岳、王承斌都造反了，他建構憲法的遠大夢想最終破滅。

政治評價

有人說曹錕想選總統是因為權力欲望的關係，然而，就任大總統後，他只保留政治權力，自願切割軍事權力，與直系切斷關係，軍事實權轉由吳佩孚操控。況且曹錕要做大總統，只要派遣軍隊包圍國會就可以了，何必要花大筆資金賄選呢？

曹錕走的路雖然有爭議，但恢復「法統」的做法在當時曾得到一些人士的認同。胡適和馬君武就是其中的支持者之一，馬君武曾說：「曹錕肯花五千元一票去賄選，正可以使我們對民主憲政抱樂觀，因為那個國會的選舉票在曹錕的眼裡至少還值得四十萬元的代價。」胡適認為若政治太腐敗，國民沒有正式的反應機關，那時候，「干預政治的運動一定是從青年的學生界發生的」。而後來證明，在沒有國會的情況下，民意確實反應不到執政者的層面，一九二六年，北京發動的學生運動「三一八慘案」即是最佳例子。

綜觀民國前後，曹錕是將眼光放得最遠的軍政要人，強求正軌，不惜訴諸賄選的行為，當然是一種非常不顧政治後果的理想，在他看來，朝更大的目標前進，微小的事情就顯得可以忽略。

中國憲法制度之殤是法學家們嘆息扼腕的憾事，中國距離民主竟然曾如此靠近，卻又在轉瞬之間失之交臂，天上浮雲如白衣，斯須改變如蒼狗，昔日備受擁戴的曹錕成為階下囚。直到吳佩孚在湖北東山再起，馮玉祥的國民軍被奉軍打敗，曹錕才被釋放。但他再沒有機會成為改變歷史進程的主角，北伐戰爭時期，他前往租借區避難時，手裡小心翼翼捧著的是那本憲法，他寄信給各地強權，希望他們能盡早恢復憲政，使國內局勢穩定。

可惜的是，北伐戰爭過後，軍閥間的鬥爭早已從「法統」轉向「黨統」，法律成為過時的話題，大家都在爭奪孫總理的遺產大位，沒有人傾聽曹錕的話，他只能沉默度完餘生。而他留在中國歷史上最大的印記，就是一幕以他的名字命名的賄選鬧劇，成為亂世中的一個活報劇。人們永遠不會知道，或者不願意了解，其實建構且維護民國憲政體系的先驅，來自於這位不守法而「賄選」的總統。

兩次總統，三次副總統，你以為我過得很爽嗎？

——黎元洪的被霸凌日常

人物小檔案

黎元洪（一八六四年十月十九日～一九二八年六月三日）字宋卿，清末與中華民國政治家，人稱「黎黃陂」。曾任新軍協統、湖北都督、中華民國副總統，兩次擔任中華民國大總統。

中國近代史上，黎元洪給我們的印象往往和「幸運」連在一起，以政治地位來說，他是個好命人，基本上，人們一輩子渴求而不能及的各種頭銜，總統、革命家、開國元勛……黎元洪幾乎毫不費力就得來了。本來就是個和革命黨毫無掛鉤的滿清官員，誤打誤撞下，硬是被推舉當了革命領袖，最終莫名打敗滿清帝國，結束中國長久以來的封建統治。甚至在民國列強分割的情況下，先後出任三次中華民國副總統，兩次正式總統。

如果單看這些表面上的經歷，可能會認為「黎元洪就是民國初年最幸福的人」，但讀者們千萬別被這些實銜、虛銜騙了！事實正好相反，雖然一生聽起來非常光榮，但實際上很多時候都是在非常無聊且無能為力的情況下熬過去，某方面講，黎元洪就像是被班上排擠的邊緣人，革命黨和北洋軍閥兩邊都不討好，還會被各種人霸凌，甚至曾被皖系將領徐樹錚拿槍恐嚇。

即使身處高位，絕大部分的人都不把黎元洪當人看，綜觀他的一生，我們會不禁嘆息道：「宋卿！您一輩子過得太委屈了！」

莫名其妙得來的都督

黎元洪的政治生命開始於一九一一年，當時他任職於湖北武昌，只是新軍混成協的協統，相當於一位團長，辛亥革命爆發時，當時清廷的大部隊都被調到四川鎮壓保路運動，還沒等他回神，武昌城很快就被攻破，本想躲入朋友家中，卻被革命黨揪出來五花大綁。

當時起義的官兵裡，真正懂指揮作戰的人不多，基本上只是基層的官兵罷了，起義軍攻下武昌後面面相覷，竟不知道下一步該怎麼做，急切地需要一個人出謀劃策，帶領軍隊走向勝利。

這個情況下，革命黨人找到被俘虜的黎元洪，在半威脅、半懇求下倉促扶上臺位，從此躍上政治舞臺。

很難想像吧！一位革命元勛竟是在脅迫下「不得已」當上的，如果當時革命黨內有更善於指揮作戰的人才，很有可能黎元洪就不是「湖北軍政府都督」，而是另一個革命黨消滅的「滿清罪寇」。不得不說，他的運氣真是十足好。

被袁世凱霸凌的那段日子

一九一二年一月，滿清政府宣告覆滅，新成立的民國政壇中，政治衣缽一直極受重視，像孫中山未參與武昌起義，為什麼能推舉成為臨時大總統？正是因為他有重要的革命政治資產。而黎元洪不但有革命資歷，更擁有北洋勢力的廣大人脈。竟在建國後一躍成為開國功臣，與孫中山、黃興一起被時人稱為「開國三傑」，第一屆中華民國臨時政府中，黎元洪高票當選為副總統兼領鄂督，得票僅次於袁世凱。

說到此處，讀者可能會想：老黎就是世界上最幸運的人啊！作者文不對題，他哪裡被霸凌，哪裡被歧視了？

其實呀！辛亥革命後，黎元洪八輩子的運氣都用完了，事實上後來多次任職總統、副總統，多半是因參與辛亥革命的資歷。如果仔細深探，可以發現他雖然身居要職，但過得一點都不爽，歷史定位始終離不開「僥倖」，北洋軍閥看不起他，南方革命黨不相信他，黎元洪夾在中間，成為兩方之間政治的緩衝墊，被兩方勢力擠壓得喘不過氣。

首先，袁世凱對黎元洪的不信任溢於言表。當上副總統後，黎元洪本來想要賴在根據地湖北不走，但袁世凱竟然直接派出軍事大員段祺瑞將他「請」到北京任職，幾乎是在脅迫下「押送」北京就職。

另一方面，革命黨對黎元洪的態度始終捉摸不清，充滿各種酸言酸語，有人說他背叛革命，有人說他是個機會主義者。蔡寄鷗[2]在《民心報》上憤然發表〈哀大江報〉一文，諷刺「夫黎元洪者，不過一庸常人耳。英雄不出，遂令豎子成名」。

黎元洪到北京後，被袁世凱安排在瀛臺上班，是昔日慈禧太后軟禁光緒的人工島嶼，對外只有一個出口，島內又溼又小，且「警衛嚴密，出進瀛臺的人很有限」，袁世凱用意非常明顯，就是為了監視他的一舉一動。

袁世凱派出辦事處處長唐在禮，每隔幾天就去找黎元洪說話，事後唐在禮都向袁世凱回報，「因為他命令我要勤到黎家去，事無大小都要回報。每次回報後，都說我辦得好。有時黎元洪要見幾個湖北的老朋友，我就一一替他找到。但事後也將情況回報……」對此，黎元洪不是不知道，就是敢怒不敢言，連親朋好友來訪，都會有人監視報告，真是委屈他了。

黎元洪不願受袁世凱擺布，他雖無兵無權，但威望很高，袁世凱一心想要稱帝，便要得到他的支持。隨著袁世凱的野心愈來愈明顯，黎元洪開始公開反對袁世凱。一九一五年十一月起，黎元洪拒絕領副總統每月三萬銀元的工資，辭去副總統職務。

袁世凱稱帝時，曾邀請黎元洪到皇宮「祝賀」，黎元洪為表示抗拒，待在家中閉門謝客，不過袁世凱好像就沒把他的感受放在眼裡，發布詔令封黎元洪為武義親王，派人將做好的朝服送到黎元洪家。好像在說：「我懲罰你，你就得接受；我獎賞你，你就得吞下去！」

霸凌大師段祺瑞

事實證明，袁世凱稱帝只是一場鬧劇，最終在眾人的聲討下，結束八十三天的皇帝生涯。黎元洪以為苦日子終於到了盡頭，但沒想到的是，自己當副總統時，被袁世凱欺負，等當總統時，卻開始被總理霸凌。

總統和總理誰大？依照當時的法律規定，總統的位置更大一點。可是段祺瑞有人脈、有軍隊，政府底下全是他的人，黎元洪只得無奈做個光桿司令。段祺瑞欺負黎元洪的花招比袁世凱豐富許多，袁世凱當時軟禁黎元洪，至少還把他放在心上，只要他的勢力不影響自己的統治，基本上都滿足他的要求，為了向他示好，營造大總統和副總統之間的和諧氣氛，還經常在晚飯後邀請黎元洪一起散步聊天。

而段祺瑞呢？他始終不將黎元洪放在眼裡，將堂堂一名總統架空，連處理政務的機會都沒有，所有大事都由段祺瑞召開國務會議討論決定，幾乎不向黎元洪請示，經過自己拍板定案後，才請黎元洪負責蓋總統大印予以追認。

令黎元洪更不爽的是，依照當時的法律，每次國務院商討後，都必須由祕書長把內閣的文件交給總統簽字蓋章，而這位祕書長就是大名鼎鼎的徐樹錚，他雖然智商高，但情商特別糟糕，根本不把黎元洪放在眼裡。早在袁世凱當總統時，徐樹錚就曾拿著槍抵住黎元洪，逼迫他離開湖南根據地。徐樹錚認為黎元洪是個草包，有時懶得去總統府，就乾脆轉告手下把文件送去。有一次，國務院發布三個廳長職位的變更命令，黎元洪問了句是什麼人，徐樹錚便不耐煩道：「有總理負責，總統不必多問！」

黎元洪空有職位，卻無實權，連基本的尊重都得不到，可憐哪！

反擊型霸凌，啟動！

黎元洪對段祺瑞百般隱忍，然而，一個人的忍耐是有限度的，兔子急了還咬人呢！何況黎元洪好歹是堂堂總統。一九一七年，第一次世界大戰進入尾聲，段祺瑞打算跟準情勢，一同對德國宣戰，提升國際地位；黎元洪卻認為如果參加世界級戰爭，將會加強軍方勢力，使國內政治被軍方挾持，從此愈走愈歪（當然，黎元洪提不同意見，有故意和國務院唱反調的意思）。當國務院祕書長徐樹錚找他蓋章時，他死活不同意：你拿槍威脅我都沒用，我就不簽，看你怎麼辦？

後來，黎元洪選擇釋出善意，主張府院各讓一步，同意和德國絕交，但不要宣戰。黎元洪派遣下屬將這份建議送到段祺瑞府宅，希望段祺瑞答應，可段祺瑞依舊不搭理。

其實，除了黎元洪搞抬槓，當時輿論對宣戰一事也有不同看法，段祺瑞感到宣戰一事遭受重重阻力，於是親自出面到總統府見黎元洪，還帶上國會大大小小官員，想藉著人山人海的場面震懾黎元洪，逼迫其簽字同意，一鼓作氣完成宣戰。哪知黎元洪依舊是那句話：「我不同意！」

黎元洪面對段祺瑞如此無禮的行徑，就不打算讓步了，他翻開陷阱卡，以《臨時約法》賦予「總統可將總理解職」的權力，強行撤掉段祺瑞，結束這一回合。

段祺瑞得知消息，意識到自己玩過火了，開不開戰可以之後再談，但向老黎認慫是一定要的。段祺瑞草擬一份國務院各部部長的新名單請他過目，值得玩味的是，名單上沒有一個是段祺瑞的心腹，反倒清一色都是黎元洪的同鄉湖北人。很明顯，段祺瑞想用這個換取自己留任總理。

想不到一向姿態高傲的段祺瑞也有今天，黎元洪心裡估計很爽。按理說，這是兩人講和的最佳時機，但黎元洪罷免段祺瑞的決心已下，結果真的把他拉下臺。然而不久後，兩人因張勳復辟而身分對調，段祺瑞重新當上總理，黎元洪則灰溜溜地走了。

大總統印是我的！

黎元洪雖然出了口惡氣，但終究難逃被欺負的本質，說也奇怪，當時的北洋軍閥不欺負他一下，感覺都不像北洋軍閥了。一九二二年，直奉戰爭後，時年五十八歲的黎元洪復任大總統，不過此時新的霸凌者登場。直系軍閥曹錕想要當總統，開始利用各種手段嚇唬黎元洪，搞得他心神不寧，最後還真的成功了，黎元洪決定到天津引退。

臨行前夕，長期不滿直系騷擾的黎元洪決定惡作劇，他把大總統的印信偷偷藏起來，交給自己的姨太太危文繡保管，讓直系找不到總統印信。

曹錕進入總統府翻找印信無果，下令「追擊黎元洪，至找到總統大印為止」。曹錕在各省的要道布下軍警看查，直隸省長王承斌則帶領一批軍警成功追尋到黎元洪的位置，他們在一處車站攔下列車。親自上前逼問：「總統出京，曾否通電聲明了？」

黎元洪回應道：「予每日必有一電，但均為電局所扣留，故須等抵津再行通電表示。」

「總統既出京，印信已無用處，何以攜來天津？」

知道自己惡作劇被發現了，但送佛送到西，搞事搞到底，他仍舊裝傻，表示自己沒有攜帶印信，王承斌不信，兩人就這樣你一言我一語，你不認錯我有理。最後王承斌說不過黎元洪，當火車抵達天津站後，打開車門，直接離開車廂。黎元洪原本以為沒事了，沒想到王承斌是跑去搬救兵，他先讓列車無法出發，再調集一千軍警進來「保護大總統安全」，整個天津車站裡裡外外都是衛兵，黎元洪就這麼被「保護」在車廂內，吃不了飯、喝不了水，整個人又熱又累。黎元洪想下車，但衛兵總是擋著：

除非說出總統大印在哪兒，不然哪裡都別想去。

後來，黎元洪無可奈何，只能打電話給危文繡，請她交出總統大印。按照指示通電全國下野，王承斌得到滿意的回應，揮了揮手，終於將軍警全數撤出。可憐的老黎，年近六十歲，想惡作劇不成，還被軍警恐嚇，真是賠了夫人又折兵。

被霸凌後的成長

綜觀黎元洪的執政生涯，哭也不是，笑也不得，一個人能成為中國歷史上唯一一個做過兩任總統、三任副總統的人，實屬不易，不過也能看得出來，在虎視眈眈的軍閥眼中，黎元洪不過是人行道下的口香糖，任誰走過都能踩一腳，毫無還手之力。人們都說老實人一生都有福祉，但在民國亂世中，老實人就是最好使用的棋子。

民間常有評價，認為黎元洪是民國元勛中最無能、最窩囊的一位，雖說準確，但我還是覺得他不過是個普通人罷了，何必用政治家的期望對待他呢？也許是我們對黎元洪太苛刻，把他拉上檯面，又嫌他應付不來。革命軍把黎元洪從朋友家中揪出來，莫名其妙予以他都督之職時，黎元洪的悲劇即悄悄誕生。

不過往好處想，黎元洪一生經歷太多被人欺負的經驗，使他在晚年期間一場攸關性命的搶劫中，得以全身而退。

黎元洪在天津引退後，喜歡帶著老婆黎本危（危文繡）看電影消遣。有一回，他們來到日租界的「皇宮電影院」，在光線昏暗的環境，一名陌生人悄悄將一包菸盒塞進黎本危的包包，裡面有一張字條，上面寫著「尊寵鑽戒，擬借數日，明晚盼在皇宮擲下，否則恐不利於貴人也」。

原來，土匪覬覦黎本危手中的兩顆鑽戒，黎本危看到字條被嚇到了，馬上將戒指摘下來，可是黎元洪卻若無其事地笑著說：「這個人將勒索說成是借，看得出來是一個高雅的人。」

黎元洪早就習慣被人勒索，不管這土匪是雅是俗，是善是惡，黎元洪都不在乎，他們都沒有曾經拿著槍抵著自己腦袋的徐樹錚凶悍，又或者說比不上索要總統大印的王承斌危險，昔日軟弱無主見的黎元洪，經歷二十餘年來政治的大風大浪，什麼大場面都見過了，怎麼會怕你這小小的香菸盒紙條呢？

第二天，黎元洪再次帶著夫人來到電影院，依舊和往常一樣，手上戴著閃閃發亮的大鑽石。黎元洪在電影院門口前的大牌子寫上醒目的兩行大字：「兩枚鑽戒，靜候來取」。又去找電影院經理，拜託他等電影放完時，在螢幕上面打上一行字：「索鑽戒人，請如約來取」。

黎元洪把場面搞得如此之大，就算土匪有賊心也沒有賊膽了。黎元洪悠悠哉哉地欣賞電影，可是什麼事情都沒有發生。電影都放完了，字幕打上了，他從容地坐著，直到人煙散去，才悠悠地挽著夫人的手，一同打道回府。

---

2 蔡寄鷗（一八八九年～一九五四年），湖北黃安（今紅安）人，十四歲中秀才。一九一二年任武昌《民心報》編輯。因發表〈哀大江報〉開罪於黎元洪，《民心報》被迫停刊。

國粹消逝的時刻，那個男人出現了

——段祺瑞的復興圍棋之路

人物小檔案

段祺瑞（一八六五年三月六日～一九三六年十一月二日）

中華民國政治家，曾出任國務總理、參謀總長、邊防督辦、臨時執政等。提倡責任內閣制，主張武力統一中國，迫使外蒙古撤治。

說起中國古代的圍棋發展，可謂淵遠流長，做為傳統文人的一大休閒娛樂，它以一種民間活動的姿態繼承與發展而來，在春秋戰國時期慢慢累積演化，理論日趨豐富，規則日漸推廣；到了唐代，棋藝更成為一種任官選賢、揀選智商的好方法，唐玄宗設置「圍棋九品制」，誰下棋下得好，就能獲得一官半職。明代的圍棋更是到達人人皆玩的境界，當時的人們將琴棋書畫合稱為四藝，想要做一個合格的文人墨客，圍棋成為不可不學的才藝。

只是到了近代，國力衰落，戰亂紛紛，人們為了溫飽奔波，沒有心力經營這種文藝嗜好，倒是日本在遣唐使帶回圍棋後，成為他們最愛的舶來品，很快在日本國內流行起來。

日本人喜歡把事情做得十全十美，比中國人更為瘋狂，自行創造出一套學程，將圍棋制定九段等級，當中國人在雜亂無章的體系裡思索如何下棋時，日本人已經創造出專門的圍棋課程。

一邊是日升月恆，一邊是日落西山，中、日兩國的棋藝氛圍從此走向不同道路。民國初年，圍棋已經衰落到不能再衰落了，當時風靡一種更刺激的對弈遊戲——麻將，胡適、徐志摩、孫中山都是忠實粉絲，梁啟超甚至有一句名言：「只有讀書可以忘記打牌（麻將），只有打牌可以忘記讀書。」

麻將比圍棋更迅速，氣氛比圍棋更輕鬆，百般無聊時，與三五好友一起湊成一桌，熱熱鬧鬧地度過一晚，勝利時大吼一聲「胡了」，真是痛快，這些都是嚴肅的圍棋難與其相敵之處，圍棋漸漸成為無人問津的技藝。

不過，正是在這個「男人以打麻將為消遣，女人以打麻將為家常，老太婆以打麻將為下半生大事業」的時刻，中國出現一位復興圍棋的大救星，把中原各地僅存的圍棋大師招入門下，予以豐厚薪水，為學習圍棋提供良好的環境，他就是段祺瑞。

童年缺憾

段祺瑞是一位不折不扣的圍棋迷，熱衷程度連幕僚徐樹錚都看不下去，稱他「玩物喪志」。

之所以愛上圍棋，與他的生長環境有很大關聯。段祺瑞出生在安徽六安，稍長便移居合肥。晚清到民初，合肥是少數未被麻將「入侵」的淨土，由於那裡曾出現一位達官顯貴劉銘傳（臺灣巡撫），他是官場上少數精通圍棋的政治領袖，對局棋譜流傳甚廣，為各派人士津津樂道，鄉里的人都以他為傲，有樣學樣地學習，因此棋藝氛圍保留得很好。

段祺瑞在弈風甚盛的環境中長大，與圍棋結緣就不足為奇了。不過幼年時期，段祺瑞雖然會玩圍棋，卻始終沒有深入了解的機會，段家不富有，無法支持他的興趣，找個鐵飯碗生活才是正軌，玩棋只能當作興趣。

十六歲那年，段祺瑞徒步千里前往山東威海當兵，做一名司書，相當於軍隊裡從事紀錄的小官，起頭雖然不高，但正式開始軍政生涯。數十年間，段祺瑞在軍中可謂混得如魚得水，先是高分考上天津武備學堂，接著加入袁世凱的小站練兵，靠著自己過於常人的能力博取袁世凱信任，成功當上北洋軍的三大協統之一，分別是北洋之龍王士珍，北洋之狗馮國璋，以及北洋之虎段祺瑞。

王士珍是出策略的專家，可惜他是死忠的清朝忠臣，自滿清滅亡後就對軍政失去熱情；馮國璋善於在前線廝殺作戰，但毫無野心，對政治也不在行。段祺瑞兼具前二者的能力，卻沒有兩人的缺點，辛亥革命後，北洋政府的國家權力實際操縱在袁世凱與段祺瑞手中。

段祺瑞之所以官運亨通，不僅是因為他的頭腦，也包含對袁世凱的信任。段祺瑞擁有強大的自制能力，私生活極其規律，自己定下一套「六不原則」——不抽、不喝、不嫖、不賭、不貪、不占，在達官顯要私生活糜爛的民國初年，簡直是清流般的存在。他為人嚴肅刻板，不苟言笑，袁世凱經常利用他扮黑臉，段祺瑞也不在乎，種種為人作風，使其取得袁世凱的信任。

三十多年的仕途生涯，段祺瑞一步步爬向權力中心，逐漸成為政壇中不可忽視的大老。然而身居高位，難免會有逢場作樂的時候，外地的軍政大老不知道怎麼下圍棋，段祺瑞只好學習外地的麻將。要說老段學習得可真勤奮，不學則已，一學驚人！當年袁世凱當總統後，曾囑託吳炳湘查緝官員玩麻將，名列榜首的就是段祺瑞。段祺瑞堅信牌品就是人品，對於牌局中的人來說，贏錢絕對是最低級的追求，所謂俗人，是從麻將中得到錢財；能人，是從麻將中得到快樂；高人，是從麻將中剖析人性。

對老段來說，贏錢和快樂都是其次，如果贏了，從不向別人要錢。有一次散局了，他對身邊的部將鄧漢祥說：「打牌雖是遊戲，也可以看出人的好壞。陸宗輿打牌時，鬼鬼祟祟的樣子惹人討厭，別人的票子都擺在桌上，他則裝在衣袋裡隨時摸取。別人和了牌，他便欠倒一下，使別人不痛快。」

老段的「麻將識人術」是有效的，即使平時帶著假面的人，只要一坐在牌桌前，總會不由自主地原形畢露，每個動作和手勢都是一種心理活動或性格使然的掩飾。

老段的復興圍棋之路

袁世凱稱帝失敗抑鬱而終後，黎元洪繼任中華民國大總統，而國家權力基本上掌握在段祺瑞總理手中，他完好地繼承袁世凱的豐富人脈，成為北洋體系的接班人。要不是馮玉祥、張作霖的崛起牽制，恐怕無人能與之對抗。

要說段祺瑞一生中有什麼遺憾，就是童年時期無法像鄉里的富貴人家學習圍棋。儘管數十年寒暑更易，段祺瑞已經被人尊稱為總理先生，穿著一席光鮮亮麗的西式軍裝，一副威武霸氣、勢不可當的樣子，但他的內心其實還是有文藝的一面。他嚮往著童年時期的安徽小鎮，希望能完成小時候的願望，成為一名棋手。

為了彌補這份缺憾，段祺瑞尋遍全國上下，找人陪他下棋，還特意養一批棋手，每月發給工資，要說找尋棋友放到現在不是一件難事，但在清末民初衰落之際，找到一個精通棋藝的人，簡直比大海撈針還難。年輕人都跑去國外學習西洋的新制度、新科學，不願多談這些國粹；而老年人則視棋藝為旁門左道，只願讀四書五經過生活。圍棋不受到任何一派看好，會玩的人可是少之又少。

最後在重金招募下，國內碩果僅存的棋藝大師，顧水如及劉棣懷、王鳳嵐等終於會聚一堂，成為段氏的圍棋顧問，每月定期支付一百大洋，工資全算在陸軍部。

段祺瑞為中國圍棋技藝的保存，提供良好的保護，在衣食無虞的情況下，大師們各顯神通，拚命鑽研圍棋技法，據日本職業圍棋棋手瀨越憲作回憶，那些棋手都被安置在國務院的一處鍛鍊，「國務院門禁森嚴，來往警衛荷槍實彈，但跨進大門，氣氛便迥然不同，圍棋會場幽靜雅潔，北京名手畢集其中」。門外是政治紛擾，門內是專心致志，段祺瑞打造迷人的國學桃花源，使各方棋手能在國事蜩螗的民初時期，心無旁騖地鑽研國粹。

有了這些大師相挺，出入的棋客變多了，一些想附庸風雅的高官貴人常來湊熱鬧，每當有重要圍棋活動，中國銀行總裁王克敏、滿清肅親王善耆、曾任直隸總督楊士驤的兄弟楊士驄、大富豪李律閣等，都紛紛出面捧場，這對圍棋活動的開展相當有利，他們往往在每週的星期日一大早一起跑到段祺瑞家下棋，之後圍坐一桌吃早飯，和樂融融地閒話家常，就好像是一家人一樣。

不過，段祺瑞在圍棋方面還是有缺點，就是好勝心太強。由於他是武人出身，加上執掌重權，年歲又高，每次都像老頑童一樣，非要爭個高下才罷休，那些寄人籬下的棋手都十分識相，既不能贏，也不能多輸，輸太多會讓段祺瑞看不起，最好拿捏在「差一點就能平手，卻被勁敵打敗」的感覺，才會使段祺瑞覺得心情愉快，且自以為棋術高明。

一代棋藝大師顧水如常被老段請去下棋，既發揮不了能力，也不能太過擺爛，一場棋局下來，心裡自然不愉快，據他的弟子陳祖德說：

「當時國內凡有名望的人多被段祺瑞召去對弈，又知道他非『贏』不可，於是對弈的結果總是他獲勝。每當此時，他情緒高漲，不但要誇獎與他對弈的名手，還要送些錢財。不過誰一旦取勝，簡直如同觸犯皇帝，會馬上被轟出去，一個錢都拿不到。」

不過，陳祖德說了一個例外：「那時偌大的中國只有一個人敢勝他而又使他無可奈何，此人乃他的親生兒子。」段祺瑞的長子段宏業喜愛圍棋，且棋藝水平比父親還高，曾多次打敗段祺瑞門下的門客，只可惜他不太正經，吃喝嫖賭樣樣都幹，老段本來就不喜歡他，覺得是個飯桶。有一次父子倆下棋，段祺瑞輸得一敗塗地，氣得站起身掀翻棋盤，怒斥段宏業道：「你這小子，一無所能，就知道玩這個，以後有什麼出息？」

中日大對決

自明朝實行海禁以來，中、日民間甚少交流，圍棋沒有互相切磋的機會，兩國棋手一直都是獨自鑽研自己的道理，對對方的實力根本不了解。段祺瑞任職保定軍官學堂總辦時，素聞日本人非常重視棋藝，常在這裡找日本商人對弈。然而日本雖然重視棋藝，但不代表所有人都會下棋，商人只懂做生意，哪懂下棋呢？段祺瑞以為他們都是高強對手，時常邀請他們一同對決，結果往往得勝而歸。

不過，夜路走多總會遇到鬼，段祺瑞此行徑一傳出去，惹得日本人非常不滿，一位業餘圍棋選手中島比多吉親自來到北京，三下五除二，迅速結束段祺瑞的連勝紀錄，段祺瑞回去後惱羞成怒，耗費重金將圍棋大師張樂山、汪雲峰請來，將中島殺個落花流水。

一九一九年，中島灰溜溜地準備離開保定時，高部道平出現了，他是正經八百的職業棋手，受過專業的棋藝課程訓練，比中島難應付，他聽說段祺瑞養了一批專業棋藝大師，於是向段祺瑞表示比劃的意願。段祺瑞倒也爽快，拿那麼多錢養棋士，這下終於派上用場。

兩方約在段祺瑞的官邸競技，段祺瑞接連派遣汪雲峰和張樂山應敵，高部道平起初保持守勢，汪雲峰和張樂山都占上風。沒想到他有一整套圍棋的系統理論打下深厚的基礎，摸熟兩人的路數後，準備妥當開始反擊，力量之強大遠超出眾人想像，棋局迅速逆轉，毫無還手之力。如此連下數日，高部道平將張樂山、汪雲峰二人從讓先打至讓二子。

當時高部道平只是日本的四段棋手，本是個默默無名之輩。這麼個棋手竟能橫掃中國棋壇，雙方的差距實在驚人，就像是電競選手大鬧新手村一樣。段祺瑞看著自己重金應聘的棋藝大師，如今竟被打得潰不成軍，震驚之餘已無言以對，高部道平離開段府前謙虛地表示：「在我之上還有很多高段棋手。還有最強者本因坊秀哉，他要讓我三子。」

受到強烈刺激的段祺瑞，像當時北洋政府各個方面一樣，開始全面學習日本：廢除幾千年的座子制（下棋前先在對角星擺好兩黑兩白），且將唐朝流傳至今的先白後黑，改成日式規矩的黑先白後。經過一段時間的學習後，中國棋手們準備妥當，段祺瑞正式邀請本因坊秀哉來到中國，這在中、日圍棋交流史上，是一件非常重要的大事。

本因坊秀哉不愧是日本第一棋王，初來乍到便殺得大夥潰不成軍，中國頂級大師們在讓三子的情況下，竟沒有一人能夠獲勝，只有當時的最強國手顧水如讓三子與其對弈，下了兩局竟意外贏了一局，此事後來被顧水如視為平生得意之作。

本因坊秀哉來華數月，與中國棋手下了二十餘天的讓子棋，段祺瑞做為東道主，也和秀哉對弈幾回，起初段祺瑞把黑棋盒遞給秀哉，自己則持白棋盒，秀哉不肯，堅持要讓段祺瑞。爭到最後，段祺瑞同意先下，卻死抱著白棋不放，結果可笑的一幕就出現了：棋盤擺上兩枚白子，執黑棋的卻是後手。

對局前，有人勸秀哉手下留情，秀哉認為這有失身分，連下三局都輕鬆獲勝。同年十一月，秀哉準備啟程回國，向北洋政府討取原先說好的盤纏，段祺瑞卻故意閉門不見。秀哉無奈只好約老段再戰一盤，故意輸棋，才換得三千大洋路費。

中國第一棋王誕生

段祺瑞的政治生涯中，超越日本一直是他設定的首要目標，而在圍棋方面亦然，他拚命培養圍棋能手，包含後來被稱為「現代圍棋第一人」的吳清源。

吳清源發跡時只有十一歲，但在鄉里打遍天下無敵手，連圍棋導師都無法與之相敵，段祺瑞得知出現一位「圍棋神童」，決定將他召入門下當門客，月薪與一般門客無異——一百大洋（當時搬運工人的月薪不過十五大洋）。

面對此等優厚待遇，出身寒微的吳清源興奮得直跳腳。一天早上，段祺瑞邀請吳清源來府中對弈，初來乍到的他不曉得官場規矩，以為段祺瑞如此看好自己，就要賣力下棋，「一開始不知道他的棋力如何，只知道他下棋很快。看我是孩子，他就下無理手想欺負我，最後我抓住他的破綻」，白棋沒過多久就被吃掉一大片，旁觀的棋手都為其提心吊膽，向吳清源暗使眼色叫他反勝為敗，吳清源卻不懂意思，將老段的棋子都吃了。

一直贏棋的老段輸給一個小孩子，陰沉著臉，「一個人進屋去了，之後再也沒有出來」，從此之後段祺瑞再也不與吳清源下棋，但每月一百大洋還是如數交付。

在段府的期間，吳清源與其門下各方大老切磋技藝，棋力進步之迅猛，令所有人吃驚。一九二八年，段祺瑞資助吳清源去日本學棋，成就一代棋聖。吳清源在日本將所有頂尖棋手全部打到降級，甚至後來向本因坊秀哉發起挑戰。對決期間，秀哉被吳清源逼得險象環生，這局棋竟然下了三個月之久，原因是秀哉多次請求暫停，然後和眾弟子回家集體研究對應。最後本因坊秀哉雖然略勝，但任何人都知道，其實吳清源才是整場比賽的獲勝者。

吳清源從此被棋壇譽為「現代圍棋第一人」，更是中華民國政府唯一授予「大國手」尊稱之人。數年寒暑更易，等到一九三四年五月，吳清源回來後，段祺瑞已是接近古稀的白髮老人，兩人彼此對坐，感慨萬千，心中的話太多，竟一時間不知如何談起。他們進入棋室博弈，結果這次吳清源以小敗告終，段祺瑞欣慰地揚起嘴角，他明白其中的意義和情分。

百花綻放

段祺瑞逝世前，命令底下的門客盡數解散，讓他們到大江南北教導棋藝，他們像是吹散各處的種子，在中原大地遍地開花，武漢地方棋手創辦的「中華圍棋社」，江蘇地方棋手創辦「無錫圍棋社」，北京地方棋手創辦「北平圍棋會」，將自己在段祺瑞門下所學到的知識，教導給更多願意延續傳統的人才。

上海文史館副館長陶菊隱在〈從下棋講到做人〉說：「老段死後，斯人而在，斯道（圍棋）尚有人提倡。現在我國圍棋高手們自段合肥（祺瑞）一瞑不視之後，惶惶然有曙後孤星之感。」這段話相當準確地勾畫當時棋界許多人的心態，也反映中國圍棋事業的處境，但他們絕不孤獨，一場百年孤寂後的漫長復興，從他們的手中應運展開。

圍棋不只是遊戲，它是文化的傳承，近代史以來，中、日之間進行著一場生死存亡的競爭，這些項目涵蓋經濟、文化、社會發展等層面，中國追逐西方科學的過程較為緩慢，整體來說不能與之匹敵，但在傳統文化上面，確實守護住最後一道防線，挽回尊嚴。

段祺瑞在復興圍棋之路上，紮實地走一輩子，雖然他不是一個正經棋手，卻達成其他人難以做到的貢獻。不論段祺瑞的棋品有多不好，多喜歡惱羞成怒，能在國粹文化大廈將傾之時，奮不顧身地撐起一方，乃是最值得我們敬仰之處。

中國版怪醫黑傑克

——被革命耽誤的Dr.孫中山

人物小檔案

孫中山（一八六六年十一月十二日～一九二五年三月十二日）

中華民國政府尊稱為「國父」，成立興中會、同盟會，提出三民主義學說。

建立中華民國臨時政府，後將中華革命黨改組為中國國民黨。

相信生活在亞洲文化圈的我們，肯定對日本動漫《怪醫黑傑克》很熟悉吧！這部動漫幾乎陪伴七、八年級生的整個童年生涯，其中的主角黑傑克雖然是密醫，且常受到同行歧視打壓，但卻是時代渴求的天才外科醫生，他開出的醫療費飄忽不定，有時高得令人咋舌，有時卻全數退回，實在是很有趣的人設。

不過，讓我們感到驚訝的是，歷史上還真有一位與其人設極為相似的人，就是我們最熟悉、同時也最陌生的那個人——國父孫中山！

提起孫中山，我想絕大多數人應該知道他是搞革命的人。但相比在革命做出的貢獻，他在醫學方面的成果也不遑多讓。早年的孫中山在香港的野雞大學（文憑工廠，不受任何官方機構承認的大專院校）學習，出社會後既無牌亦無照，在澳門非法行醫，醫藥費的收取方式古靈精怪，經常不收錢，只囑咐他們登報感謝即可。

真實的歷史遠比想像中更瞠目結舌，慢慢細品諸多史料，孫中山還真不只是有一點像怪醫黑傑克，應該是黑傑克像他。

香港西醫書院的來龍去脈

二十一歲時，孫中山轉入當時剛成立的香港西醫書院，就是香港大學醫學院的前身，相比於早年砸爛神仙像與之後奮起搞革命，這段時間的他一如既往地嗆辣。學校安排男女必須分左右兩旁而坐，中間隔一層布幔，防止兩性接觸，孫中山大為不滿。有一次，教師帶領同學們到婦產科接生實習，卻只許女學生實習，孫中山竟跳出來與教師爭執，認為無論男女，醫學都不應該為避嫌而刻意躲避某項議題，「學生畢業後行醫救人，遇有產科病症也要診治」。為此甚至鬧到校長嘉約翰（John Glasgow Kerr）辦公室，後來男學生果真能參加產科的臨床實習，間隔的布幔也撤除了。

課堂上，孫中山總是問題最多，經常找老師碴，是典型的問題學生，但每次考試基本都是全校前三甚至第一，老師不得不讚嘆他的能力與毅力。而他提出的意見大多挺有意義，例如剛才所說的婦科問題，後來行醫時，孫中山診治的病患有很多都是婦科問題，他發揮專業特長，造就許多佳話。

孫中山在西醫書院度過五年多的時光，然而當他於一八九二年七月二十三日順利畢業，成為香港西醫書院的首屆畢業生時，悲劇發生了。香港醫學局認為西醫書院沒有完全遵循英國的醫學制度，文憑無效，由於沒有在香港行醫的資格，孫中山一時陷入進退兩難的境遇。

無事可做只能回家小住，恰巧這次途中遇到朋友陸壇生的妻子難產，雖然有幾個接生姥姥幫忙，但她們不懂醫術，只是七嘴八舌而無濟於事。朋友急得焦頭爛額，妻子疼到不行，於是孫中山站了出來，按照教科書仔細做了一套檢查，不用藥，只是對肩胛骨按摩，使產婦舒服一些，不久後嬰兒就出來了。

這就是孫中山第一次行醫，如果僅這麼一次，當然不好稱他是中國第一位產科醫生，實際上，他此後接生的次數還不少，手法已是爐火純青。即使到了一八九五年因圖謀革命而遭朝廷通緝，在逃亡期間受到千軍萬馬追殺，路過珠江口外的小漁村，遇到一個生命垂危的產婦，竟能三下五除二，熟練地協助母子分娩，然後深藏功與名，繼續跑路。

孫中山對婦產如此重視，大概是體會到當時廣東民間流行的傳統接生方法誤人不淺，「接生姥姥」的社會地位不高，多為貧賤婦女，大多不識字，沒有醫學知識，不懂藥方，一旦遇到難產往往胡亂指揮，導致產程被拖得太長而死亡。事實證明，如果沒有現代醫學知識，陸壇生的妻子有可能就被那些接生姥姥給玩死了。

澳門首家華裔藥局上線

回到廣東不久，孫中山還是想碰碰機遇，看看有沒有從事醫學的機會，於是再度乘船出海，輾轉到了澳門，來到鏡湖醫院應聘，這座海外華僑開辦的醫院，一向用中藥治病。孫中山身為無牌照、無中醫背景之身分，為了能順利在醫院工作，只能提出義務診治，以換取醫院接納自己。

此時孫中山的工作是義務的，無論門診或出診，診費一律隨意而付，但由於擅長外科手術和治療肺病，行醫不滿三個月就聲名鵲起。孫中山就像怪醫黑傑克一樣，雖然沒有牌照，但手術技術卻出奇一流，在澳門看診期間，他創下兩個「中國第一」，分別是中國歷史上第一個切除膽結石手術，以及中國第一個現代醫學整容手術。

一、切除膽結石

孫中山的老師康德黎擅長外科，畢業後兩人仍然保持聯繫，他不僅鼓勵孫中山開展當時國內少見的外科手術，還多次在孫中山進行大手術時前往澳門予以技術指導。孫中山出師後，曾擔任主刀醫生主導膽結石手術，這在當時可謂轟動一時。「孫中山動手術時，外行的醫院醫務委員會成員走進手術室，坐在手術檯附近。病人的親戚、朋友也圍在一旁專注地觀看。」當時可是一八九二年，世界上第一例膽囊切除手術是在一八八二年獲得成功，短短不到十年的新技術，此前完成這種手術的醫生不超過一千人，孫中山竟以無照醫生之勢把它完成，足以證明他的行醫能力有相當水準。

二、現代整容手術

先前往返香山縣途中，孫中山遇見名叫亞慶的小孩，他先天患有兔脣，口腔上脣有一個大縫，怎麼閉都閉不了，就連口水都會尋縫而下，實在不怎麼體面。在古代，兔脣的醫治技術不足，例如清代名醫顧世的《瘍醫大全》，竟說縫補後，要把皮膚流出之血蒐集起來，加上草藥再重新塗回去嘴脣，造成受感染機率大增，患者易於死亡。亞慶父母請孫中山醫治，他便以西洋方法對病人進行手術，很快就將脣口縫補完成。

由於名聲實在太響亮，孫中山甚至在鏡湖醫院的基礎之上另立門戶，開設兩家診所，分別是位於澳門議事亭附近的「仁慈堂旁孫醫館」，以及位於草堆街的「中西藥局」。有趣的是，行醫的三個地點，群眾取向各不同，照顧澳門三大階層的利益，鏡湖醫院位於雜市，主要客群是貧苦的華人；而中西藥局位於華商聚集區，主要客群是中上層的華人；仁慈堂旁孫醫館則位於高官顯爵雲集之處，主要客群是葡萄牙人與富家貴族。

「中西藥局」診症費為二毫，「仁慈堂旁孫醫館」則是一元，就這樣，孫中山開始有了收入，靠著這種薄利多銷，漸漸變成有錢人，「四大寇」之一的陳少白評價孫中山行醫成功時稱：

很奇怪，不滿兩、三個月，聲名鵲起，幾乎沒有一個人不耳聞其名，極端欽佩的。就診者戶限為穿，他這一年的醫金收入，計算一下，竟有一萬元之多。但是他並不積蓄，總在各方面用出去，以至賺到的錢，到手就完。

孫中山的收入放到今天來看也是十分了不起的成功，一般人獲得如此大的成就，大概會安於現狀，但他一輩子深按革命道理，知道宣傳與推廣的重要性，便開始營造自己的醫學帝國，將生意推得更廣、更遠，經常投入重資在報紙上進行宣傳，每張報紙基本都印上大大的孫中山頭像，以及一連串廣告用語，例如「大國手孫逸仙」、「從英美名師游，洞窺祕奧」等，聽起來實在很吊胃口。除此之外，一八九三年七月十八日的《鏡海叢報》，孫中山還以行醫期間醫治的多起病例來宣揚自己：

一、治療沙麻病：陳宇，香山人，六十一歲，患沙麻八年矣，辛楚殊常。頃在醫院為孫醫生割治，旬日便痊，精健倍昔。

二、幫老外接生：西洋某婦，胎產不下，延孫治之，母子皆全。

三、治療腎積水：賣麵食人某，腎囊大如斗，孫醫用針刺去其水，行走如常。

四、治療化學燒傷：大隆紙店兩伴，誤為毒藥水焚炙心胸頭面，勢甚危殆，孫醫用藥敷之，旬時就癒。

五、拯救尋短女人：又某客棧之伴，與妻角口，妻於夜半吞洋菸求死，次晨八點鐘始有人抬到孫館，如法救之，亦慶更生。

六、幫大官醫治：港之安撫署書寫人尤其棟，患吐血症多年不癒，華醫束手，親造孫醫求治，一月奏效。

以孫中山的醫療水準和經營規模來說，倘若能在澳門安安穩穩地待下去，有可能會成為當地德高望重的大財主，然而歷史往往都是出人意料的。隨著孫中山的業績水漲船高，引起葡萄牙醫生的忌妒，他們找出孫中山的學歷來自野雞大學，一同上報政府，要求關閉他的兩家診所。

廣州行醫記

一八九三年春，孫中山被迫離開澳門，再度回到廣州行醫。靠著累積下來的錢，設立新的「冼基東西藥房」，雖然規模不如以往，但總算有了落腳之處。藥房規定上午十點到十二點為贈醫時間，看病不論難症、急症，診金都是隨意，即使不給錢都沒有問題。

廣州的看診生涯，改變了孫中山看世界的態度。他以前總認為學醫才可救天下人，而政治總是遙不可及。直到有一天，有個病人來找孫醫生看病，說膝蓋有毛病，然而當他進行檢查時，發現這位病人不但膝蓋有問題，全身上下遍體鱗傷，滿是瘀青與膿瘡。原來這位病人是職業船夫，有天在河邊散步，竟被官兵誣陷為海盜，不由分說就拉他去縣衙挨兩百大板，差點被打死[3]。

孫中山感到很震撼，而震驚之餘，又有些許內疚，覺得自己在香港、澳門待久了，都忘記與生俱來的身分，家鄉的同胞正在受難，醫學救不了國家，還是改行做別的吧！在此期間，他一面行醫，一面試圖投書李鴻章，希望能去那邊上班，以力行改革，使國家達到獨立富強的目的。上書被拒後，孫中山祕密結納反清社團，試圖在廣州起義推翻滿清，東窗事發後，孫中山被迫流亡海外，走上革命的不歸路。

行醫生涯結束

孫中山開啟人生中的另一個篇章，行醫生涯就此結束。他在海外密謀革命時，四處遊歷各國，足跡橫跨日本、美國、英國、南洋等處，深入了解當地的各種文化、思想、制度、飲食。許多人常以為孫中山是激進的洋化派，其實不然，在他看來，西方的思想與制度雖然最先進，但若從醫學角度來看，在飲食上面，中國還真不比西洋差。

西方世界大多信仰基督教，《聖經》明文規定「豬雖有偶蹄，卻不反芻，對你們是不潔的，你們不可吃這些走獸的肉」，還稱即使是牛、羊牲畜，「只不可吃牠的血，應將血如水一樣潑在地上」。之所以產生這種觀點，是因為《聖經》起源於西亞，當地的環境不適合養豬，一旦養就得耗費諸多雜食、飲水，排泄汙染無法解決，而不喝血則是為了抵制當地原始宗教以血祭祀的習俗。

中華文化圈沒有這種困擾，肉食正是以豬為大宗，南方還有飲食豬血湯料理的習俗，洋人不了解這種不同，居高臨下地嘲笑華人，說這是一種野蠻行徑。刺痛了長年旅居歐美的孫中山的自尊心，明顯只是地域不同的問題，憑什麼要看扁我們呢？孫中山遂發表長篇大論，以深厚的醫學背景知識反駁洋人，堅信吃豬血「不特不為粗惡野蠻，且極合於科學衛生也」：

吾往在粵垣，曾見有西人鄙中國人食豬血，以為粗惡野蠻者。而今經醫學衛生家所研究而得者，則豬血含鐵質獨多，為補身之無上品……此不過食品之一耳，其餘種種食物，中國自古有之，而西人所未知者不可勝數也。如魚翅、燕窩，中國人以為上品，而西人見華人食之，則以為奇怪之事也。

豬血百利而無一害，不是我們古怪，而是你們太奇怪！他在一九一九年完成的《孫文學說．行易知難》說道：

（豬紅）含鐵質獨多，為補身之上品。凡病後、產後及一切血薄症之人，往時多以化煉之鐵劑治之者，今皆用豬血以治之矣。蓋豬血所含之鐵，為有機體之鐵，較之無機體之煉化鐵劑，尤為適宜人之身體。故豬血之為食品，有病之人食之固可以補身，而無病之人食之亦可以益體。

當然，孫中山愛中華飲食文化，倘若歐美的中華料理店出了什麼狀況，同樣會跳出來保衛他們的美食。曾有一回，美國市民傳出都市謠言，稱中華料理的醬油含有毒質，吃多了會死人，紐約市政廳甚至打算禁止華人使用醬油。雖然經過各方檢驗，確實沒有找出毒素，但這讓孫中山非常生氣，後來便將這起事件寫入他的「建國方略」，算是讓這起事件臭名遠揚了。

也許就現在的眼光來說，中餐和西餐不過是口味上的差距罷了，但在孫中山看來，這可是關乎國格的大事，「我中國近代文明進化，事事皆落人之後，惟飲食一道之進步，至今尚為文明各國所不及。」身為一名西醫大夫，孫中山以專業勸告中國人：勇敢地吃豬血，隨西方人說吧！豬血補鐵，健康又衛生，外國人不吃是他們不懂，管他的！

反對中醫！反對中藥！

孫中山的醫學生涯中，最飽受爭議的點當屬反對中醫。他曾發表過許多反對中醫的言論，且一直至死都不肯服用中藥，這點真的很令人費解，其中緣由，大概是滿清末年新思想矯枉過正的風氣吧！當時稍有接受教育的知識分子皆對傳統醫學嗤之以鼻，傅斯年[4]曾說：「我是寧死不請教中醫的，因為我覺得若不如此便對不住所受的教育。」魯迅也說：「中醫不過是一種有意或無意的騙子。」孫中山認為，中國的藥品固然有有效的，但診斷的知識卻不足。不能診斷，如何用藥？

早在香港習醫時，孫中山就曾說過諸多不相信中醫的言論，甚至曾惡趣味地捉弄過無牌大夫。有一回，孫中山在九龍附近遊玩，隨手購買幾支甘蔗邊走邊吃。途中，他遇到一位郎中大夫在路旁推銷中藥，定睛一看，這些中藥乃是東拼西湊而成，連基本藥理都不清楚，他一不做，二不休，竟將沒吃完的甘蔗藏在袖口，假裝握著手槍，嚇跑郎中大夫[5]。

其實，晚清末年被庸醫害死的人還真不少，舉魯迅的父親周伯宜為例。周伯宜曾因全身水腫尋求中醫，醫生為他開了「敗鼓皮丸」的藥引。藥丸是用打破的舊鼓皮製成，水腫又叫鼓脹，打算用打破的鼓皮來剋這個病情。結果吃了後身體愈發虛弱，就這樣被治死了。孫中山討厭中醫，尚在情理之內吧！

一九二四年十月，正當直奉戰爭打得如火如荼之際，華北平原的局勢頓時風雲變色，出現段祺瑞、馮玉祥、張作霖的臨時聯合政府。他們邀請孫中山到北京共商國事，孫中山在汪精衛等人的隨行下前往。一九二五年一月一日抵京後，孫中山腹部絞痛，嘔吐大作，緊急送入協和醫院治療，初步診斷結果為惡性腫瘤。

昔日治療他人的醫生，此時開始接受他人的治療。號召之下，各地的醫生紛至沓來，予以孫中山當時最先進的醫療辦法。然而當他們將孫中山的腹壁切開後，最不樂見的一幕發生了，只見整個肝臟表面、大網膜和大小腸面上長滿大小不等的黃白色發硬結節，整個腹腔內臟器黏在一起，嚴重程度已經無法進行手術。

萬般無奈下，孫中山的家屬與幕僚想到中醫。孫中山起初不願接受，還說：「一艘沒有裝羅盤的船可能達到目的地，而一艘裝了羅盤的船有時反而不能到達，但我寧願用科學儀器來航行。」中醫葛廉夫曾建議讓他嘗試中藥治療，孫中山答道：「予平生有癖，不服中藥！」

不過，後來胡適推薦很有名望的陸仲安，在眾人勸說下，一生不願意服用中藥的孫中山在半推半就下，開始接受中醫治療：

> 有推薦中醫陸仲安者；因陸曾醫治胡適博士，若由胡進言，先生或不峻拒……先生語胡曰：「適之！你知道我是學西醫的人。」胡謂：「不妨一試，服藥與否再由先生決定。」語至此，孫夫人在床邊急乘間言曰：「陸先生已在此，何妨看看。」語訖即握先生腕，先生點首，神情淒惋。[6]

從中可見，孫中山雖然在病危時同意接受中醫治療，但只是一種不忍拒絕親友好意的權宜之計，不代表他最終認可中醫。其實到了最後，中醫對他的療法只不過是一些按摩之類的精神療法，至於中藥藥方，孫中山的服用次數斷斷續續，感覺不是很相信。做為心腹，汪精衛曾想更換中醫的看診次數，改為全盤西化，為此還不惜與中醫田桓扭打在一塊，對此孫中山沒有說些什麼，恐怕到逝世前都不相信中醫吧！

歷史評價

說實在的，命運真是巧妙，環環相扣，若少一步就可能天差地別。俯望孫中山的一生，如果沒有遇上恩師，如果沒有被葡萄牙人逐出澳門，如果沒有遇到那位遍體鱗傷的漁夫，歷史上的孫中山將只是亂世下的怪醫黑傑克。

不少人覺得孫中山放棄行醫是很可惜的事情，畢竟相比於醫學上的傑出表現，他在政治上混得如同一灘爛泥，搞十次革命沒有一次成功，搞十萬公里鐵路也只停留在計畫圖上，就連到最後，他所期盼的南北議和都沒能成功。但今天評價孫中山，不應該以結果判斷，中國有句俗諺道：「不以成敗論英雄。」岳飛最終沒能收復失土、孔明最終喪命五丈原，但他們崇高的理想卻永遠不曾消逝。

一位醫生在時代的浪潮下，毅然決然地走向世界和現代文明，立志改變那個老舊破敗的中國。他可以為了夢想別離故鄉，義無反顧地登船，放棄他的醫學帝國，告別穩定美好的日子，冒著被暗殺的危險，四處宣揚理念、結識好漢，這本身就是一個偉大之處。

我可以安富尊榮地度完一生，但張望四周，人們處於一片危難，我又怎麼能苟且偷生呢？這就是孫中山一生。

---

3 黃宇和《三十歲前的孫中山》。

4 歷史學家、學術領導人、五四運動學生領袖之一、中央研究院歷史語言研究所所長、國語日報社董事長。曾任國立北京大學代理校長、國立臺灣大學校長，請參閱《民國文人檔案，重建中》。

5 汪精衛《孫先生軼事》。

6 羅家倫《國父年譜》。

第二章

一八七一年〜一八八五年

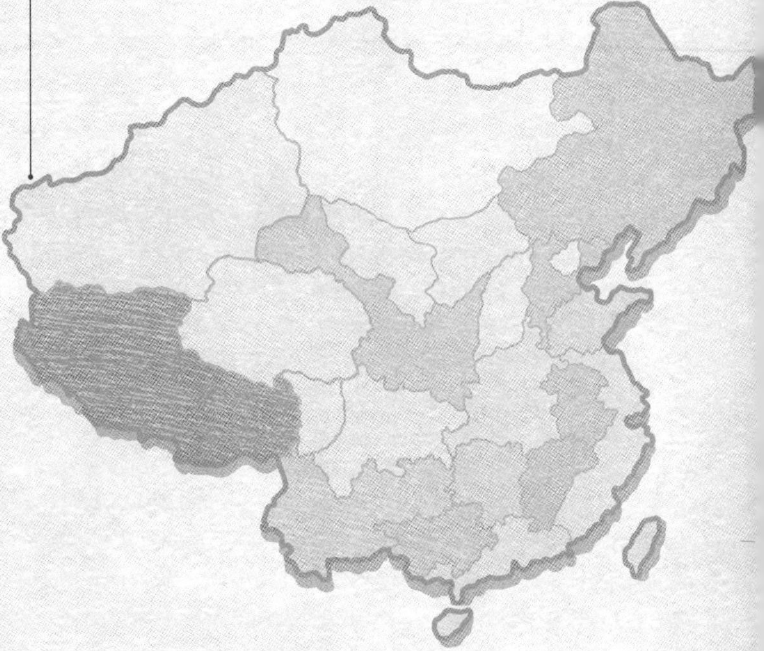

1871~1885

原來是讀書人，我還以為是軍閥呢

——書生義氣的吳佩孚

人物小檔案

吳佩孚（一八七四年四月二十二日～一九三九年十二月四日）

晚清秀才，民國北京政府軍上將軍（直系），實力最雄厚的北洋軍閥之一。

吳佩孚不是普通軍閥，當時的北洋軍閥大多是一群大老粗，吃喝嫖賭樣樣精通。但他卻是一個例外，稱得上是眾多北洋軍閥裡最具文藝氣息的人，上馬作詩，下馬讀書，堪稱「軍閥中的文青」、「文青中的軍閥」。美國史學家費正清（John King Fairbank）顯然十分看重這個北洋軍人的文化背景，乾脆稱他為「學者軍閥」。

吳佩孚的最高學歷是秀才，受影視劇的影響，今天一提起秀才，往往都覺得沒什麼本事。做為士大夫階級底層的他們，被其他人視為知識分子鄙視鏈的底端，既考不了好功名，也做不成安穩的莊稼，因此總以窮秀才、酸秀才來揶揄他們，泛指說話文縐縐，活在自己世界的那些怪咖。

不過，事情真是這樣嗎？

看過歷史課本的人都知道，封建時期的中國若要考取功名，必須一步步往上升，從童生乃至秀才、秀才乃至舉人，從舉人乃至貢士、貢士乃至進士，誰都不許破壞規矩。照這樣看來，秀才的位子確實是在金字塔底端。然而，晚清的秀才比想像中難考許多，每年只錄取二萬名，放在民國初年每年十萬、二十萬的大學畢業生，簡直是小巫見大巫，很多人認為，吳佩孚的秀才學歷相當於現在的碩士研究生，也有人認為是博士研究生，都是精挑出來的讀書人。

身為一代文青，吳佩孚集結那個時代讀書人該有的書生性格，崇尚復古，希望能效法歷史上的大人物，成為一名完人；他時常內省，打量自己是否符合內心的最高標準；除此之外，他寫的詩文特別有文采，曾有「花開上苑春三月，人在蓬萊第一峰」的豪言壯語，俯瞰他的一生，可以驚奇地發現：原來一位讀書人的生命竟能如此有內涵！

天生剋讀書

如果今日要在民國軍閥裡挑選一位日子過得最不順心的人，可以毫不猶豫地把吳佩孚當作第一名。他從九歲開始進入私塾，十二歲讀完四書五經，獲得童生的學歷，想繼續考取功名，成為一名腹有詩書氣自華的讀書人。沒想到命運卻頻頻捉弄，自十二歲以後，每當他想靜下來念書時，家裡總會有經濟危機發生，逼著他不能讀書，只能從軍。我們舉兩個求學經驗來看：

一、十六歲那年，吳佩孚準備攻取秀才時，父親居然在這節骨眼死了，祖上傳下來的雜貨店的客人愈來愈少，瀕臨倒閉，吳佩孚只能放棄讀書，轉而參軍。

二、參軍之後，吳佩孚趁軍營放假時參加科舉考試，沒想到還真的考中秀才。然而好景不長，他的厄運又開始了，與他共結連理三年的妻子逝世，而他因為在菸館打鬧，被衙門認為行為不檢點，有辱斯文，革除他的秀才功名。

每當吳佩孚想要摩拳擦掌、更進一步時，老天爺好像故意不讓他當讀書人似的。此時的他已二十餘歲，前半生盡心盡力，卻換得這種結果，學無所用武之地，承受鄉里間的嘲笑。這是吳佩孚人生中最卑賤的日子，他萬念俱灰，只能遠走他鄉，憑藉曾閱讀過幾回「相命書」，為人卜卦算命。

從零開始的軍事生活

以吳佩孚的底子來說，要是能重新考秀才，平平穩穩地往上攻讀，運氣好一些，也許幾年內就可以在朝廷謀個一官半職，不過，甲午戰爭的爆發，再度打斷他一直以來的求學夢。

這次戰役可以說是近代歷史中最恥辱的時刻，經歷大小戰役數十起，清軍卻未有一勝，連吳佩孚老家的名勝古蹟蓬萊閣，都被日軍炮彈擊中後壁外的一塊石刻，上面「海不揚波」四個大字中的「不」字受損，成為「海揚波」。這對吳佩孚的影響很深，後來他親自來到蓬萊閣，登上懸崖最高處，遠望著波濤洶湧的海峽，以及戰爭遺留下的遍地彈痕，吟誦出著名的〈滿江紅・登蓬萊閣〉：

北望滿洲，渤海中風浪大作。
想當年，吉江遼瀋，人民安樂。
長白山前設藩籬，黑龍江畔列城郭，到而今倭寇任縱橫，風雲惡。
甲午役，土地削；甲辰役，主權弱。
江山如故，夷族錯落。
何日奉命提銳旅，一戰恢復舊山河，
卻歸來，永作蓬山游，念彌陀。

吳佩孚的〈滿江紅．登蓬萊閣〉與岳飛著名的〈滿江紅〉有很大相似之處，一樣是外族入侵，一樣是山河破敗，雖然時代背景不一樣，心境卻相通相似。自己雖然讀那麼多四書五經，懂古往今來的綱常禮教，但在國家積弱不堪的情況下，這些只是空想，與其當個整天憂國憂民的書生，不如重新參軍，做個能真正改變國家命運的人。吳佩孚決定投靠名將聶士成，成為天津的一名步兵。

在軍中，吳佩孚沒有丟掉書本，正如他所說：「英雄者，乃須文武出眾。若文不能武則非英也，武不能文則非雄也。」在水師當兵期間，一邊訓練，一邊拜當地名儒為師，他很有讀書天分，能置身於喧鬧環境之中安靜看書，在鼓吹喧囂與燈紅酒綠的軍營裡，顯得尤為突出。

吳佩孚念書不再為了科舉，而是為了成為更好的人。而他確實將書讀進去了，日俄戰爭期間，吳佩孚奉朝廷之令參加日軍的諜報活動，沒想到卻被俄軍俘獲，俄軍百般用刑，然而他拒不招供，被判死刑後跳車逃生，戰後因此事被晉升北洋新軍的督隊官。

我要成為軍閥王

辛亥革命後，吳佩孚的職務受更動，調至第三師師部，成為師長曹錕的幹將之一。曹錕的政治能力很強，但軍事能力不怎麼樣，吳佩孚則以其才智屢屢保護曹錕，且在自己的調教下，將直系拉拔成為精銳之師，曹錕將其視為人才，予以賞識和重用。

當上軍官後，吳佩孚對自己的標準愈來愈高，他定下四不信條：不斂財，不納妾，不存私款，失意後不進租界，在當時簡直是清流般的存在。除此之外，他亦容不得部下隨便，曾有一名戰功赫赫的炮兵團團長在戰場喪生，許多人都以為吳佩孚會悼念他，然而該團長生前喜愛嫖妓、風流過度，吳佩孚反倒批評他「戰場是神聖的，哪容得下不潔淨的人」。

吳佩孚重視軍中的文化道德教育，戰功是其次，先學會如何做人才是重點，他經常站上講臺就是一連串文言文：

慕上古之英雄豪傑，誦先哲之訓語箴書，善讀春秋，力行忠義，方足以致忠邦愛國之志，成謀勇兼施之將。

嚴厲的品德作風，使吳佩孚的軍隊到哪裡都是紀律最嚴謹的。而對於同樣具有品德的敵手，他會予以尊敬。攻打陝西督軍岳維峻時，其部下蔣世傑曾率領不足一萬的麾下士兵困守城池，竟然阻拒吳佩孚四萬大軍長達一個多月，戰爭結束後，吳佩孚親自找來蔣世傑設宴款待，在席間極口稱讚他忠勇可嘉，就像歡迎一名英雄一樣。

文武雙全的直隸霸主

在軍閥混戰時期，吳佩孚雖然坐擁大軍數萬，但真正讓他坐上中原霸主地位的原因，還得歸功於求學期間所學習的傳統思想與文筆能力，他能完好地將自己所學應用在現代政治上。段祺瑞政府時期，由於五四運動的影響，官方與民間勢力基本上呈現對立狀，人人都盼著有一位親近民意的實力派人物出來發聲，吳佩孚以極其流暢的文筆，開始在各大報章雜誌發表言論。首先批評段祺瑞「內爭年餘，軍費全由抵借，以借款殺同胞，何異飲鴆止渴」，又罵國會「偽造民意，釀成全國叛亂」，巴黎和會時繼續臭罵政府「如若簽字，不啻作繭自縛、飲鴆自殺也」。

吳佩孚每次寫文章都寫到民眾的心坎裡，他以「堅守傳統道德」及「開放民主思想」為核心主張的理想色彩，既獲得底層百姓的認同，也讓知識分子認可他的作為，人們都將國家的希望寄託在他身上，使他成為民調最高的軍閥。

一九二〇年，段祺瑞先宣布將吳佩孚撤職查辦，且組織兵力，欲與直系軍閥一決死戰。吳佩孚此時發表一篇通電，表示民國成立以來，「海內分崩，追原禍始，段為戎首……段氏之肉，其足食乎？」

經過長期歷練，直系已經成長為很有軍紀的隊伍，加上民心所歸，萬眾一心。段祺瑞雖然是進攻方，但戰爭開打的第一天就被反撲，被迫後撤數十里。五天後，段祺瑞的軍隊都被打光了，只好被迫下臺。這位曾以打仗出名的北洋三傑，竟被一位滿口之乎者也的書呆子打敗了。

此時的吳佩孚坐穩洛陽城，擁兵數十萬，虎視何雄哉！兩年後，他在第一次直奉戰爭中擊敗東北大老張作霖，順利成為直、魯、豫三省的實際掌控者，拿下整個中國好像是唾手可得的事情，《時代雜誌》登門拜訪，給予他簡約有力的評語：「中國的最強者。」（Biggest man in China.）

其實，我是個詩人

吳佩孚加冕成為「最強軍閥」後，可謂是萬眾擁戴，「上馬寫詩，下馬寫字」的偏好，讓他在久經沙場的軍閥形象中，平添儒雅風流的文化魅力，依附者為能見「儒帥」一面而沾沾自喜，畢竟在這位北洋軍閥中為數不多的文化人帳下效力，也算順理成章地攀文附雅。

吳佩孚的文風有別於閒適的文人，混雜幾分武夫剛烈果斷的氣質，可以說「詩詞有銳氣、書畫有骨力」，這正是吳佩孚詩情畫意的鮮明特色，假使讀者已經有接觸過他的歷史，肯定有讀過這首七言絕句：

歐亞風雲千萬變，英雄事業古今同；
花開上苑春三月，人在蓬萊第一峰。

這首詩詞於吳佩孚人生最顛峰的時期寫出來，堪稱他的代表作。外表看起來霸氣外露，細細品味卻很幽美，撇開上段不談，從下段來看吳佩孚，可以從中發現三個事情：

一、**他的老家**：蓬萊是吳佩孚老家的稱號，自古以來，蓬萊就是形容高雅出俗、難以尋覓的美好景致的代名詞。

二、**他的霸氣：**吳佩孚與抗倭名將戚繼光同為蓬萊老鄉，他明知如此，卻仍將自己讚為「第一峰」，真是好大的一口氣！大有古今天下第一人，統一天下霸業的威風。

三、**他的思想：**「花開」、「三月」、「蓬萊」，意味的都是新穎且美麗的事物，與吳佩孚開放的政治看法相同。

七言絕句不但能突顯他的雄心壯志，再還能與文雅的個性互相映襯，兩者看似截然不同，吳佩孚卻能將其融合得白璧無瑕，這是詞句的奧妙之處。此外，在他人生中最光輝的時期，吳佩孚沒有一味地張揚，甚至有文人傷春悲秋的一面：

方寸糾紛俗累縈，無端悵觸筆花生。
人因落魄尋知己，詩寫牢愁見性情。

很有趣吧，這首詩竟然是在他名聲地位最高時寫出來的，充斥著滿滿的厭世感，好像在說：「我心好累！希望能寫一些詩詞來緩解我的疲憊。」吳佩孚的詩詞大多有一種淡淡的憂鬱感，或許是經歷過戰爭的人常有的感覺吧！所謂一將功成萬骨枯，身邊的人們變化不斷，難怪會有落魄、悵觸之感。他在〈游綏定鳳凰山〉說道：

英雄處處出人頭，又上高峰做壯遊。
滿眼蒼生歸掌握，數堆疑塚感荒丘。

這篇詩詞很有趣，前兩句很有壯志凌雲的感覺，我登上高高的天，就像是成為全中國的王一樣；後兩句忽然峰迴路轉，我俯瞰萬物眾生，卻看到遍地都是無主孤墳，中原大地百廢待興，呈現一片死寂。細細品讀詞內意象，每一句都深入心坎！吳佩孚雖然同為軍人，卻展現出有血有肉的一面，詩詞多令人感慨。

退休生活：大竹子與春秋史

吳佩孚快樂的寫詩生活只持續短短幾年，第二次直奉戰爭中就被打破，由於馮玉祥等人叛變，吳佩孚自顧不暇，丟掉華北的掌控權，老大曹錕也在混亂中被馮玉祥挾持。而在不久後的北伐戰爭中，吳佩孚再次大敗，從此一蹶不振，徹底退出政治舞臺。

不禁讓人感到唏噓，倘若吳佩孚成功，中國非常可能提前進入真正統一的民主政府。吳佩孚和曹錕的組合是天造地合，吳佩孚象徵著舊時代的傳統，曹錕則是新時代的民主，兩個人都重視知識、尊重知識分子，倘若能繼續執政，曹錕的制憲持續下去，吳佩孚一直寄望的國民大會取得成功，很有可能打破分裂割據的局面。

賦閒後的吳佩孚，絕口不談政治，每日的生活就是吟詩作畫。他小時候很喜歡竹子，往往坐在窗臺上撐著手，看著它長長的身影在微風中擺動，竹葉隨之沙沙作響，好像再也聽不到別的雜音一般，他一直想把看到的畫面記錄下來。

退出政治後，吳佩孚舉家搬到四川的大竹縣住了五年，縣如其名，專門出產美麗碩大的竹子。他在那裡過著安然故我的生活，每天不是練習畫竹，就是為竹子寫詩，每次都畫好幾幅，遇到朋友就送，後世流傳的吳佩孚遺墨非常多。

吳佩孚年少時崇拜關公，常模仿《三國演義》的關公形象，夜間挑燈讀《春秋左傳集解》，隨著吳佩孚逐漸年老，這種習慣依舊持續。他對《春秋》的認識愈來愈深，成為自己前半生所期待的模樣——真正貫通古今的人。他開始應各地大學邀請，到四處講解《春秋》，每週四固定被北京市政府委派為市政官員講解《春秋》，他將研究和解釋《春秋》做為終身事業，撰寫一本《春秋正議證釋》，不可謂不勤奮。

可以說，聖人為天下後世遺留下《春秋》，能讓千年後的人讀它時發出群盲摸象的感嘆。與微言中窺見大意，也應該說，統治中國的原則必須依據古來洗煉又洗煉的儒老二道。其中《春秋》一書又是其精華。（吳佩孚《證釋口述》）

主講《春秋》：吳佩孚的願望

吳佩孚研讀書畫的安逸生活沒有持續很久，一九三二年，九一八事變爆發，日本為加快侵略中國的步伐，多次邀請他出山，承諾資助經費供他建立軍隊。即便吳佩孚始終沒有答應，卻還是因此受到國民政府的猜忌，他以一首詩抒懷：

國恥傳來空有恨，百戰愧無國際功。
無淚落時人落淚，歌聲高處哭聲高。

吳佩孚絕無落水之意，骨子裡敬傳統、仰忠義，保持著典型的傳統文人之心。日本人來他家作客，他聽聽就好；國民黨來他家出山，他問問就罷。只是繼續書寫春秋考據史，一切似乎都與他無關。一九三七年六月，盧溝橋事件即將爆發，曾多次在北洋時期採訪他的記者張慧劍，於北京再度訪問這位早已過氣的老人家，他看到的吳佩孚不再是威風凜凜的大軍閥，而是一個在狂風暴雨下屹立不搖的老學究：

他說箋注《春秋．左傳》已經完成了四分之一……他誇獎這部書在軍人教育上的作用……吳氏給我友誼的款待，頗使我流連而不忍去。以後我是靜聽吳氏發揮其三教同源的新學說，至於四十分鐘之久。我壓制著我的感情，不再說一句刺激吳氏的話。

直到一九三九年十二月四日逝世時，吳佩孚始終沒有放棄民族氣節。無論一生功過如何，在國家民族的大節上，他從未有過動搖。

吳佩孚喜歡舞文弄墨，在軍閥叢中一枝獨秀，即使在沙場的奔騰中，在硝煙的瀰漫下，仍不改夜讀《春秋》的習慣。他像是教科式文化人，擁有傳統知識分子崇拜古今聖賢的一切表現。他變通，尊重民意；他固執，堅守傳統；他曾站在時代的最前鋒，也被滾滾潮流所拋棄，複雜得讓人難以琢磨。只可惜「花開上苑春三月，人在蓬萊第一峰」的時光不再。對於他最後的歸結，這副自撰對聯基本上相當準確：

得意時清白乃心，不納妾、不積金錢，飲酒賦詩，猶是書生本色。
失敗後倔強到底，不出洋、不走租界，灌園抱甕，真個解甲歸田。

我就是愛罵髒話，你能拿我怎樣？

——張作霖的飆罵語錄

人物小檔案

張作霖（一八七五年三月十九日～一九二八年六月四日）

北洋軍奉系首領，曾任中華民國陸海軍大元帥，時人稱為「張大帥」。一九二八年六月四日，乘坐的火車在皇姑屯被日軍炸毀，最終身負重傷而死，史稱皇姑屯事件。

髒話一直以來都是中國最古老的語言藝術，《史記》有，《尚書》也有，就連孔子都說過髒話，不過他老人家很有禮貌，生氣時的不理性言論也充滿文化，那句「朽木不可雕也，糞土之牆不可杇也」，霸氣而不失風雅，至今仍為各地華人所津津樂道。

那麼，民初呢？

民初可以說是很有意思的時期，既有四書五經的老學究，也有追逐潮流的新學子，這個特殊的年代雖然動盪，但鑄就出髒話的多元性，現在耳熟能詳的「他媽的」、「王八蛋」全都是在此奠定基礎。

人類的語言歷史有多長，罵人的歷史就有多久，說罵人是各國文明珍貴的歷史遺產其實一點都不過分。罵人至少有個好處，就是震懾他人，比起捲起袖子、揮著拳頭的粗人，我們只要輕輕張開雙脣，或以滔滔不絕之勢，或以震耳欲聾之勢，即可將對方嚇得屁滾尿流。凡是改朝換代之際，總會有一些人靠著豪邁的個性，以及生動的髒話，在亂世中撐起一片天——張作霖就是這種人。

愛搗蛋的少年張作霖

張作霖小時候非常頑皮，是個令街坊鄰居頭疼至極的人物，父親在他十三歲那年過世，母親獨自一人帶著他長大。張作霖整天在街上閒晃，母親請他做家務，他總愛理不理，某一天，張作霖在遊蕩時不小心走進一間私塾，聽聞老師講課，覺得無聊歸無聊，至少還能打發時間，遂蹲坐在一旁偷聽。好心的私塾老師楊景鎮認為張作霖很有好學心，乾脆把他招進私塾，搞不好這個孩子很會讀書。

不過，張作霖以驚人的搗蛋實力，徹底反駁楊老師的幻想。上課第一天，張作霖帶著一桿紅纓槍到教室，放置在角落，楊老師疑惑不解，問他為什麼要帶，只見他不卑不亢地大聲說道：「昨天我看見你拿板子打別的同學屁股，今天你要是敢打我，我就拿這個捅你兩下！」

這番話嚇得楊老師魂不附體，教了短短三個月的書後，贈送張作霖一些紙筆等學習用具，就把他打發回去了。

也許是因為被善良的老師拋棄，對張作霖的影響很深，從此腦袋變得比較清醒了，獨自外出闖蕩，受盡苦楚，能幹什麼就幹什麼，即使工作含辛茹苦，他仍咬牙堅持。後來在一次因緣際會下，張作霖學習到相馬和醫馬的技術，索性開始經營醫治馬匹的生意。

那時的東北地區強盜橫行，土匪運用遼闊的平原地形，組織騎兵搶劫路上行人，一得手便迅速落跑，不見人影，這些人又稱為馬賊，馬匹對他們來講就是鐵飯碗，沒有馬匹，就沒有收入來源。

張作霖依靠醫治馬賊的馬匹，結交不少黑白兩道的朋友。當時整片遼西的馬賊首領是杜立三，為人心狠手辣，曾有一名獸醫在醫治他的馬匹時藥量抓得不對，不到一個小時馬就死了。杜立三大怒，舉出手槍要打死獸醫，被他的姑母制止。獸醫大驚，拔腿往外跑，不料還是被守門的匪兵打死。張作霖不揣冒昧，接任後續醫治馬賊馬匹的工作，說也奇怪，這位半吊子的無照庸醫，經過他手中的動物，竟沒有一隻不康復，張作霖很快就以過硬的實力，贏得馬賊們的敬重，成為杜立三的拜把兄弟。

張作霖和馬賊愈靠愈近，索性自立門戶當上馬賊，美其名稱「保險隊」，名義上是維持地方治安，實際卻是強制對地方的人索取保護費。雖說張作霖絕不是什麼殺富濟貧、扶危救困的綠林好漢，但為人很有職業道德，擔任「保險隊隊長」時曾多次抵禦當地悍匪侵擾，甚至殺了土匪頭子項昭子、海沙子等人，算把「保護費」一詞弄得名符其實了。

舌燦蓮花

為了升官發財，張作霖效仿宋江的套路，故意劫取盛京將軍趙爾巽的姨太太，然後做出痛悔之狀將其送回，得到官府的信任，主動受撫招安。當張作霖到奉天「謝委」時，督軍署總參議問他為什麼願意受撫，張作霖坦率地回答：「我想升官發財。」

不管在官方紀錄還是民間野史，張作霖的形象都不太入流，反而是個滿口髒話的粗俗之人，難道這種人能成為東北霸主，稱霸一方嗎？其實，張作霖雖然愛說髒話，但往往藉著髒話留有後招，顯出極高明的手段。

一九〇四年，張作霖正式接受政府整編，雖然游擊馬隊營從此由民間籌餉改為政府發餉，收入穩定許多，但人數被朝廷砍到只剩一百八十五人，且將近一半都是非嫡系的官派士兵。剛成為營官時，張作霖見旗下的軍隊素質參差不齊，多數人仍保持悍匪之氣，放假時不聽上級指揮，一溜煙就往市區衝，和平民百姓起衝突，讓地方軍隊的名聲變得十分敗壞。這讓張作霖大為頭疼，他特地跑到路上巡視屬下動向，果然逮到幾名意圖找碴的士兵，張作霖看到他們穿著自家軍裝，欺負無辜百姓，還口無遮攔地罵髒話，氣得他揪起一人的衣服，大聲地怒斥：

「媽了個巴子，你們到城裡就罵人『媽了個巴子』，你媽了個巴子再罵人『媽了個巴子』，我把你們媽了個巴子都槍斃了！」

你要欺負別人？我比你更會欺負。你要罵髒話？我比你更能罵。張作霖正是這種凶狠的管理方式，保障旗下軍隊的素質，為軍方贏得良好的社會聲譽。他參照官兵紀律，對團丁進行訓練，除賭盜案自行管理外，地方民事、刑事案件一律送官府裁決，積極為清廷效勞，屢次出兵剿匪皆表現出色，很快得到上司青睞。十七年的從軍生涯中，張作霖的軍階呈穩定上升，到了辛亥革命時，已經是七個巡防營的指揮官，旗下統領三千名精兵。

我們現在對張作霖的印象無非是左右逢源、朝秦暮楚之人，昨天剛和國民政府打交道，隔日就和日本人握手談話，但清朝末年的他，還真的是一名死心塌地的滿清擁護者。辛亥革命那年，東北各地接連爆發武裝革命，許多大城市都快被攻破，第一大城奉天的聲勢尤其浩大，若沒有兩把刷子，被攻陷肯定是遲早的事，當時的滿清指揮官面臨兩種選擇：投靠革命，還是死戰到底？據官方統計，諸多清朝將官都認為兩方勢均力敵，太早表態大有危險，因此皆持觀望態度，就連張作霖的長官都選擇坐觀虎鬥。

就在這個陰晴不定的時刻，張作霖選擇率領偏師，直往奉天呼嘯而去。

當時奉天的革命領袖是張榕，為人高傲自慢，自以為旗下人員眾多，滿清政府肯定不敢輕舉妄動，因此沒有什麼防備心，整天在大街上招兵買馬，不管別人的身分背景，都一股腦兒招進門下。張作霖遂向他寄一封信，以友好的態度聲稱自己有心革命，張榕本來就欽羨張作霖的練兵天分，見此行狀，馬上答應他到帳下高談闊論。沒想到席間過後，張榕準備走出大門，卻被張作霖的屬下從背後開槍擊斃。沒有領導的東北革命軍，很快原地解散、各自逃竄，張作霖以陰險狡猾的手段，報答滿清對他的恩情。

不過，辛亥革命的洪流勢不可當，即使張作霖能保住東三省，但中國各地的起義成功，仍迫使滿清走向滅亡。

一九一二年，中華民國正式成立後，袁世凱擔任第一任正式大總統。袁世凱的政治根據地在北洋，他對南方的革命黨很不友好，認為他們只是愛讀書的楞頭青，因此大力提拔北洋派系的軍事將領。張作霖看準時機，總是在袁世凱面前裝出胸無大志、無知粗蠢的神色。一次開會時，袁世凱隨意拿出懷錶看時間，張作霖看到時刻意表現出一副羨慕的模樣，袁世凱打量著他的舉止，覺得真是個沒見過世面的大老粗，為了表示大方，當場就將懷錶送給他，而他更是表現出喜從天降、一副不相信的樣子。

張作霖的髒話政治智慧，此時展現出來了。他常在袁世凱面前左一句「媽了個巴子」，右一句「操他個祖宗」，把自己營造成憨厚粗人的形象，袁世凱見其言詞總是哈哈大笑，對著他一頓誇讚。

袁世凱稱帝時曾論功行賞。張作霖以一師長資格，破格封為二等子爵。然而張作霖卻發電報問道：「子爵是怎麼回事？」袁世凱回應：「子爵下於伯爵一等，再上為公為侯。」張作霖大怒道：「吾何能為人作子？」於是請假表示不滿。

以現在的觀點來看，若是誰敢對領導罵髒話，簡直是不要命的行為，但袁世凱則不然，他的政治地位得來不易，他在內心築起厚厚高牆，阻擋一切可疑人士進入，身邊身經百戰、老謀深算的老將領，一個都不信任。但土裡土氣的張作霖就不同，他認為張作霖沒見過世面，更容易聽命於自己，只要給他小恩小惠，必定是自己的鐵桿心腹。

張作霖就在袁世凱心中留下很好的印象，袁世凱的野心擴張一步，張作霖的官位晉升一階，直到袁世凱因為稱帝失敗而抑鬱身亡後，張作霖已經是東三省巡閱使領奉天督軍，實質統治奉天、吉林、黑龍江三個行省，我們印象中的那個大軍閥張作霖，就這麼出現了。

罵人之道，在明明德

張作霖的前期時光，其實不常說「媽了個巴子」這句口頭禪，這是後來做大做強後才常掛在嘴邊的。為什麼他要說髒話，不是因為水準低下，而是他往往藉著髒話襯托出政治手段。

讀者可以想想，當年的東北民心浮動，社會動盪不安，手下雖有二十萬眾，卻各個笑裡藏刀，心懷不軌，如果不把自己塑造成凶狠模樣，說實在話，真的管不動那群各懷鬼胎的野心家。例如人稱「三不知將軍」的張宗昌，兩人既無血緣關係，又無結拜之義，只是單純上級與下屬的關係，張宗昌不聽中央指揮，總隨便做喜歡做的事情，甚至曾因私自種植鴉片充當軍糧，引起各地人士撻伐，致使奉系遭受池魚之殃，張作霖曾多次糾正他，甚至以解散部隊為要脅，但他總是愛理不理，沒把事情放在心上。

後來，張作霖遂命令張宗昌從黑龍江駐地前往瀋陽開會，到了帥府，張宗昌沒把自己當外人，大大咧咧地往大帥辦公室走去，邊走邊高聲喊道：「老爺子，效坤（張宗昌字效坤）到嘍……」張作霖怒目瞪圓，拍案大喝：「出去！重進！你是軍人嗎？媽了個巴子，當在家裡呢！」張宗昌一時間為氣勢所震，身體彷彿受到控制，原地頓足、立定、向後轉，邁步而出，然後在門口回身舉手敬禮：「報告！張宗昌到！」

說起髒話，我們很自然就想到市井裡的粗魯市民，髒話自然和沒有文化修養聯繫在一起。不過在張作霖的政治哲學中，髒話不僅是宣洩情緒的方法，也是彰顯氣勢的手段，一句「媽了個巴子」，上下關係頓時分明，張作霖要讓大家知道，公堂之上，只有我能罵髒話，只有我能擺出這副姿態！

不過，到關鍵時刻，張作霖也很懂得轉彎。一九二〇年代初，奉系軍隊聲名遠播，控制版圖急遽增大，吸引許多一流人才投靠，曾留學日本陸軍士官學校的楊宇霆就是其中一人。他的軍事才能一流，實戰經驗十分充足，但有個小缺點，就是有話直說，不喜歡討好領導，每次開會時總要爭個輸贏才作罷。曾有一次，他們討論到激動時，張作霖大罵一聲：「媽的！」楊宇霆聽到後立刻回應：「你罵誰？」張作霖一聽趕緊站起來賠罪說：「我這是口頭語，一不小心就溜出來了，沒有罵誰。」

張作霖的隱忍和謙讓換來楊宇霆的全心輔佐，他帶領奉軍打入關內，一直打到上海，在他的操作下，張作霖的地盤達到最大化。楊宇霆的囂張跋扈，在梟雄張作霖眼裡是人才，張作霖雖大字不識幾個，但在用人和籠絡人心方面，手段倒是出類拔萃，讓人不得不佩服。

政治哲學

還有一回，張作霖懟上一所錢莊的小掌櫃。

那時的奉系由於軍費消耗過大，對外債臺高築，為了償還債務，他曾吩咐屬下通知通遼縣官銀號（錢莊）暫借八千大洋應急，說一個月後歸還。不料竟遭到掌櫃人員魯穆庭拒絕，這名勇敢的職員無懼大帥令旗，正氣凜然地說按流程規矩，必須有正當程序才能借錢，不然就不借。張作霖的屬下求他，他就是不給面子，最終狼狽而返。張作霖勃然大怒，準備前去問罪。

張作霖親自率領二十餘人手踢開錢莊大門，厲聲大喊：「媽了個巴子，你到底借是不借？」魯穆庭好言相勸，不是故意為難，但張作霖依然不聽，一副咄咄逼人的樣子，魯穆庭一看道理講不通，索性把保險箱統統打開，同時加了一句：「這就不是借，而是搶了。」

聽了這麼一句話，張作霖突然熄了氣焰，腦子頓時清醒過來。琢磨著自己確實不對，帶著人灰溜溜地離開。幾年後，當張作霖整頓轄區內務，選拔處理東三省官銀號的人才時，他第一個就想到魯穆庭，那個與他唱反調的小掌櫃。

雖然張作霖當時氣得不輕，但後來回想起來，這個人的確是個堪當大用的人才。他派親信去通遼把魯穆庭接過來，魯穆庭起初不願意，兩次都躲在家裡不肯出來，到了第三次，張作霖乾脆親赴魯家，以非常客氣的姿態勸說，最終收服他。

張作霖有個特性，如果部下犯錯，他往往會和他們同一陣線，一起解決事情，而不是把槍口對準下屬，按照現在的角度來看，簡直是廣大勞工夢寐以求的好老闆。第一次世界大戰後，德國因《凡爾賽條約》被大規模銳減軍隊，兵工廠被迫拆除，張作霖見機不可失，向外購買克虜伯兵工廠的大批機械，準備送來上海，一手交錢，一手交貨。不過當張作霖派韓麟春攜鉅款前去時，韓麟春看著白花花的銀子，不禁為之心動，跑去賭場想拚一筆，結果輸個精光。

韓麟春覺得自己做人失敗，想投江自盡，接到消息的張作霖急了：「孬種！輸了就贏回來嘛，死什麼！」

錢沒了，可以再賺，部下沒了，一切就真的沒了，韓麟春是那個年代少數懂得自行研發槍械的廠務總辦，倘若真的自盡，張作霖的兵工廠大夢將化為泡影。他馬上派遣人員匯來雙倍的錢，指示一半用於買設備，一半用於把錢賭回來。韓麟春眼睛都亮了，毅然殺回賭場，贏了四倍多，隨後全部買機器設備。就這樣，張作霖擁有亞洲最大的軍械庫——東三省兵工廠。

從這一系列操作中，不難看出張作霖做人的標準，有功必賞，有過必罰；如果有錯，一定要改正；有用的人才，一定要大手筆籠絡，這些手段看起來很高明，但又不難理解。似乎每個人都能想到，但不一定能做到，得要博大的胸襟和豁達的性格，張作霖縱使有些小缺點，但所謂小事多糊塗、大事不含糊，在做人的根本道理上，張作霖可謂毫無缺失。

當然，所謂「大狗爬牆，小狗看樣」，張作霖喜歡罵髒話，他的下屬自然有樣學樣，兩員愛將郭松齡與張宗昌都有非常嚴重的「髒話癮」，一天不說髒話便渾身難耐。關於兩人的史料總充斥著非常多汙穢之詞，例如張宗昌最愛用「他媽」當語助詞，旅遊蓬萊閣時，曾經讚嘆道：「好個蓬萊山，他媽真不錯！」而郭松齡常說「操你媽」。一次他們倆吵架，郭松齡大罵「操你媽」時，張宗昌竟然順勢跪下，握著郭松齡的雙手，大方接口道：「你操俺娘，你就是俺爹了！」惹得郭松齡滿臉通紅、尷尬不已。

以罵為始，以罵而終

張作霖罵了那麼多年的人，最後也因為罵人而死亡。

一九二七年六月，日本首相田中義一在外相官邸召開東方會議，目的是「使滿洲脫離中國本土，置於日本勢力之下」。東方會議後，日本立即採取措施，趁張作霖掌握北京政權之機，向他索取滿蒙權益。張作霖雖然一直和日本保持要好關係，但面對民族大義的問題，卻是一個很頑強的人，日本愈想掌控他，他愈不給日本面子。

後來日本不打算扮白臉，恐嚇張作霖鐵路權，屢次干預張作霖與國民政府的作戰計畫。一九二八年中旬，日本公使芳澤謙吉勸張作霖聽從建議，繼續和日本合作，且進一步威脅：「張宗昌的兵在濟南殺死幾十名日本僑民，你應對此負一切責任。」

張作霖一聽，由座上猛地站起來，一掌拍在桌子上：「此事一無報告，二無調查，叫我負責，豈有此理！」

張作霖說完後，怒氣沖沖地離開客廳，這次會談就這樣結束了。此事成為壓垮雙方合作的最後一根稻草，日本當局認為張作霖已無合作可能，便命令關東軍將其除之，遂有皇姑屯事件的悲劇發生。

無庸置疑，從一名默默無名的街頭混混，發展成掌握東三省的強大霸主，張作霖當然絕不光是「知人善任」就能成事，更須諸多的領導特質，他的為人處事可說是帶有一種極為絕妙的人格氣質，不像吳佩孚有意氣風發的書生氣，也不像段祺瑞有約法三章的自制能力，市井多有言語說他人格低下，無視法律，具無賴性格，但又如何？這些缺點不影響其發達之路。

所謂「成大事者不拘小節」，每個人皆有其長處及缺點，張作霖卻能靠著濃厚的人情味，和一口道地的髒話，得到諸多部下的認可，最後靠著這些人心，使其在東北的地盤上高枕無憂。某方面來說，他也算是一個成功的魅力型領導吧。

我的狂妄和智商成正比
——恃才傲物的外交天才徐樹錚

人物小檔案

徐樹錚（一八八〇年十一月十一日～一九二五年十二月三十日）

北洋政府皖系將領，一九一九年出兵逼使外蒙古撤銷自治，一九二〇年授封遠威將軍。

現在如果要委婉罵人態度高傲，時常使用「狂狷」這個字眼，例如「你為人狂狷，不好」、「這人又狂又狷，真令人一肚子火」，很多人以為狂狷是不中聽的話，其實這句話本意並非如此，孔子不是說了：「不得中行而與之，必也狂狷乎。」孔子所言的狂狷不是罵人，「狂」是指志氣高大、有進取心；「狷」是指潔身自好，有自己的底線。狂狷者往往都是很有才能的人，沒有才，想狂也狂不起來，當然沒有突破常規的勇氣。

擁有這種可貴的精神力量之人，常對歷史有深厚長遠的影響。像是民國初年，北洋集團就曾出現一名稱得上「一代狂狷」的徐樹錚。他為人脾氣火爆，雖然是文官出身，卻一言不合就要舞刀弄槍，曾親手拿手槍押送黎元洪進京、以商談之名誘殺民國上將陸建章，設下假意支持張勳復辟的陰謀詭計，一鼓作氣團滅張勳勢力。但另一方面，他特別有治國才能，曾單槍匹馬收復外蒙古，使中華民國自辛亥革命近十年後，重新獲得外蒙古的治理權。

歷史上的徐樹錚又狂又狷，孫中山想挖角他當參謀長，但被罵跑了，理由是瞧不起南方革命黨；北洋軍團不喜歡他的直脾氣，但礙於其他人遠不如他，只能將其留著。康有為曾評價他是「其雄略足以橫一世，其霸氣足以隘九州」，這也是徐樹錚一生的最佳評價。

人不輕狂枉少年

徐樹錚很小時就有神童之稱，十三歲中秀才，比李鴻章少三年、比曾國藩少十年，但他認為讀書救不了國家，於是二十一歲從家鄉赴山東投奔袁世凱，開啟軍旅生涯。二十一歲，就是大學生的年紀，但此時他的脾氣已經開始狂了起來。他投筆從戎的方式非常特別，一般人都是從底層做起，再漸漸顯露出自己的才能，慢慢往上升，但徐樹錚不願意這麼做，他怎麼肯乾居下風呢！

徐樹錚來到軍營後，不到參軍處報軍，而是站在大門口口出狂言說要見新軍長官袁世凱，這種感覺就好像進到西餐廳，連個餐點都沒點，直接喊「叫你們主管出來」一樣。門口的衛兵不知道他要做什麼，將事情上報給袁世凱，而袁世凱選擇冷處理，只派遣下屬朱鍾琪去看看。

朱鍾琪時任山東省按察使，是個官場老江湖，談話過程中，徐樹錚毫不把朱鍾琪放在眼裡，還以外人之姿批評新軍「敗於兵將之庸蹇」，表示自己「欲整頓濟時，捨經武無急務」，相當於表示：你們做的都不行，現在我來了，只有我能幫你們。朱鍾琪馬上就受不了，他眼裡的徐樹錚只不過是一個滿口大話的覺醒青年罷了，這次不愉快的見面寥寥數語便匆匆結束。

不過，命運有時就是那麼巧妙，躲都躲不開。徐樹錚準備離開山東前居住於一處客棧，以寫書法消磨時光，沒想到竟巧遇當時還是武衛右軍的段祺瑞。段祺瑞見他氣宇軒昂，便攀談起來，結果兩人竟出奇投緣，段祺瑞問他願不願意到手下做事，徐樹錚答：「值得就則可就！」（如果值得的話，我就勉為其難吧！）

歷史上有諸多資料表明，段祺瑞是個容易生氣的人，外號「歪鼻子將軍」，因為他一發火，鼻子就會向左歪斜，須經過按摩才能恢復。不過面對孤傲的徐樹錚，他卻出奇地包容，如管仲之會齊桓，諸葛亮遇劉備，真是奇妙，兩位本應最不能相容的人成為搭檔，生死與共二十餘載，打斷骨頭連成筋。

空降軍師來襲

徐樹錚開始在段祺瑞的第六鎮效力，職位是參軍記室，相當於書記官，負責記錄會議內容，後來段祺瑞發現徐樹錚在軍事方面有所不足，便讓他去日本陸軍士官學校學習，徐樹錚只是個記室，不可能被派遣，是段祺瑞自掏腰包，私人支持他。

徐樹錚從日本畢業歸國後，武昌起義爆發，段祺瑞軍隊南征北討，極需一名出謀劃策的軍師，徐樹錚很快便大顯身手，短短兩個月時間主導這些事件：

一、成功刺殺北方革命黨首領吳祿貞，讓革命黨攻入北京城的計畫流產。

二、策劃段祺瑞軍隊向紫禁城進軍，藉此威脅清室投降。

三、替段祺瑞草擬《乞共和電》，聯名五十位北洋軍事大老發表，此事成為壓垮清廷的最後稻草。

辛亥革命期間，段祺瑞牢牢抓住革命果實，順理成章當上湖廣總督，徐樹錚被升職為總參謀。人們都說「秀才造反，三年不成」，徐樹錚一介書生，竟以空降之姿，做到數萬大軍都做不到的事。民國成立後，袁世凱任職臨時大總統，委派段祺瑞任陸軍總長，便舉薦他為陸軍次長。袁世凱表示徐樹錚太年輕氣盛，不能做到那麼高的職位。段祺瑞異常堅持，甚至說如果徐樹錚不能做次長，自己就不當總長。無奈之下，袁世凱只得同意舉薦。隨後陸軍部的事務，段祺瑞一律由徐樹錚作主。

其實，袁世凱反對徐樹錚任職的原因很簡單，老袁一生潛伏官場，懂得識人、任人，知道徐樹錚確實有本事，但也知道他除了段祺瑞之外，誰的話都不會聽。後來正如袁世凱所擔憂的，一九一五年，袁世凱與日本簽訂《二十一條》，徐樹錚帶頭反對，過了一年後，袁世凱稱帝，徐樹錚又反對，後院起火，多少加快袁世凱政治生涯的結束。

民國最狂祕書長

袁世凱因病去世後，黎元洪繼任總統，段祺瑞任總理。段祺瑞任命徐樹錚為國務院祕書長，黎元洪斷然拒絕，徐樹錚的脾氣實在太臭了，除了恩人段祺瑞以外，幾乎任何人都不看在眼裡，上一屆的袁總統已經被他搞到臭頭，更何況手無實權的黎元洪呢？

後來在段祺瑞的半脅迫、半懇請下，黎元洪最終答應。而結果如黎元洪所意料的那樣，徐樹錚任內雷厲風行，快刀斬亂麻，經常欺負到他頭上，他對徐樹錚的傲慢犯上深惡痛絕，說這哪裡是內閣責任制，簡直就是祕書長責任制。徐樹錚在祕書長期間做了許多事情，雖然對皖系來說都是好的，但執行方式無不不張狂。

一、越權亂發檄文

徐樹錚任職安福國會[7]祕書長後，照理只能參與而不能發言，但在討論廣東李烈鈞和龍濟光的糾紛時，徐樹錚竟越權發言主張會剿李烈鈞，且在其他閣員的直視下，自顧自地寫一篇剿文，用電報發出去。內閣們氣得要命，紛紛在會議上指責，他竟然開口回嘴，與眾人吵成一團。

二、背後開槍殺死陸建章

民國上將陸建章是北洋軍閥中的保守派，一直是擁袁世凱、擁張勳復辟的中堅勢力，後來割據於陝西，阻擋段祺瑞統一北洋勢力。於是徐樹錚擺設鴻門宴，邀請他到府中作客，陸建章不疑有他，沒想到走進府中花園時，即被衛士從背後開槍擊斃。

三、犧牲老好人張勳

一九一七年初，總統黎元洪與總理段祺瑞之間爆發「府院之爭」，總統罷免總理。徐樹錚為了助段祺瑞重回權力中心，決定犧牲老好人張勳。他對張勳說只要同意推倒黎元洪，段祺瑞就同意張勳復辟清室。但事實上，段祺瑞反對復辟的態度是一貫的。可憐的老好人張勳不知徐樹錚此舉是計，竟傻傻地發動復辟的鬧劇。

當然，除了這三個經歷，徐樹錚還做過一件差點賭上前途，甚至是國家前途的大事。一戰快結束時，段祺瑞主張棒打落水狗，向德國開戰，徐樹錚雖然表示反對，但無法改變段祺瑞的決議。北洋政府對德國宣戰後，他竟私下聯絡德方，祕密送給在山東與日作戰的德軍二千支步槍，靳雲鵬[8]得知計畫後嚇出一身冷汗，背著總統及總理對宣戰對手送軍火，這是通敵之罪，難道嫌命太長了嗎？

徐樹錚認為，段祺瑞政府與日本關係雖佳，但長遠來看絕非朋友，日本一定不想看到中國強大，有一天必然成為威脅最大的敵人，反倒是德國實力強、距離遠、亞洲殖民地少，對中國來說是最佳合作夥伴，現在德國在山東陷入困境，倘若能雪中送炭，德國必會感念恩情。即使事敗，也是由他負責。

事情後來果真如徐樹錚預料，日本對中國的野心愈來愈大，中國逐漸招架不住；反倒是在德國的幫助下，中國開始建立現代國防工業。一九二五年，徐樹錚考察德國時，總統保羅・馮・興登堡（Paul von Hindenburg）和納粹黨領袖阿道夫・希特勒（Adolf Hitler）都出面接待，足見兩國關係之友好。

以事後諸葛來看，倘若德國能成功抵禦日本占領青島，即使投降前還占有一片土地，也不至於讓青島主權在《凡爾賽條約》中全數落入日本之手，段祺瑞全力主張宣戰的政策，導致五四運動爆發，自己身陷泥沼中被迫下野。徐樹錚看似瘋狂的決策，還真有幾分道理。

收復外蒙古的難題

雖然自高自傲，但徐樹錚仍是當時北洋勢力中獨具慧眼的人，始終能以最低成本、最高效率的方式處理政務，而政治生涯中的高潮，當屬在一個月內收復外蒙古。

一九一九年，辛亥革命後，外蒙古宣布獨立，建立大蒙古國。然而自俄國赤化後，外蒙古的王公貴族害怕紅色浪潮，有了回歸中國的念頭。當時負責與外蒙古聯繫回歸談判事宜的外交官是陳毅，雖然是促成談判的大功臣，但為人優柔寡斷，無法處理外蒙古王公和喇嘛兩派對條約內容的明爭暗鬥。喇嘛希望能免於紅軍入侵，卻不願回歸後失去部分權力，而王公貴族人數眾多，七嘴八舌，沒有一定的調子。陳毅對此狠不下心做決斷，事情一拖再拖。

徐樹錚不願拖下去，希望透過軍事施壓換取更好的談判結果。在段祺瑞的同意下，徐樹錚招兵買馬，湊齊八千名士兵，浩浩蕩蕩地駛向外蒙古。

當時的外蒙古局勢比想像中還亂，北邊有紅軍虎視眈眈，東邊有白俄軍占山為王，就連小小的首都庫倫（現稱烏蘭巴托）都有三支不同勢力的武裝。分別是外蒙古的軍隊一萬人；白俄的軍隊一千多名；日軍的勘查團一百二十名，區區八千名士兵根本無法占領。

狡猾的徐樹錚使出詐兵計，他叮囑一同前來的八千名士兵都要手持最新型的武器、穿最威武的軍服，坐在運兵卡車中。車輛從境內開到外蒙古後，士兵便受上級指示全部趴下，以帆布覆蓋，讓人以為士兵下車了，等卡車行駛到庫侖郊外，趴下的人再起身，假裝是新到來的軍隊。

這招還真唬住外蒙古的偵查人員，他們保守估計徐樹錚至少帶來五萬名士兵。白俄、紅軍看到中國如此大陣仗，不禁捏把冷汗。徐樹錚藉機針對日本勘查團，他引用國際法，判定他們根本沒有受到蒙古國批准，而是非法入境，日本人被駁得啞口無言，答應以和平方式繳械。剩下的白軍、紅軍眼見強國日本都低頭了，全都不敢亂動。徐樹錚用這種簡單的方式隔絕列強干預，為接下來的談判優勢打下基底。

一個晚上的奇蹟

下完馬威，徐樹錚開始思考第二步與第三步要怎麼走，照理說第二步是取代「庫倫都護使」陳毅；第三步則是對蒙談判。但徐樹錚的腦袋迴路明顯與人不同，他選擇第二步和第三步合併，在同一個晚上解決。

一九一九年十一月十六日晚間，徐樹錚分別邀請陳毅和哲布尊丹巴[9]在不同地方吃飯，中間間隔一個多小時車程距離。他先和陳毅吃晚餐，徐樹錚的酒量很好，故意對陳毅瘋狂勸酒，陳毅很快就不敵攻勢，躺在地上醉倒了，徐樹錚請人將他扶下去休息，藉此接過他的指揮權。

隨後，徐樹錚來到哲布尊丹巴等人的地點，拿出私自草擬的「八項條款」談判條約，比陳毅主張的《外蒙古善後條例》更加嚴厲，強化直接管理外蒙古的傾向，相當於把自治區變成省。

外蒙古王公和喇嘛全都怒了，拍桌大罵，而徐樹錚不遑多讓，聲稱我方大軍已經準備駛入外蒙古，必須簽署撤治方案，「寬限一日，夜晚須解決，否則拿解者不只一佛，執事雖老，亦當隨行」，這句話說白點，就是如果不簽名，不論活佛還是王公都得完蛋。

雖然徐樹錚是狐假虎威，也沒有這種權力，但外蒙古王公和喇嘛沒有察覺，畢竟他於此前已經在庫倫進行過多次軍事行動，還曾隨便把博克多汗安了個罪名軟禁起來，對外蒙古來說，徐樹錚是個不折不扣的瘋子，沒有人知道他的下一步會怎麼走，而且這個瘋子現在已經接過陳毅的指揮權。

武力威脅下，外蒙古王公和喇嘛連夜召開緊急會議，擬出請求撤治的呈文交給徐樹錚，且將呈文送至北京。至此，延續八年的蒙漢分離，就這樣迅速解決，俄、蒙一切條約全部廢除，蒙古全境歸還中國。等到隔日，陳毅宿醉醒來後，才驚覺事情已經辦妥。徐樹錚收復外蒙古，舉國歡騰，就連孫中山都不禁讚嘆：「吾國久無班超、傅介子其人，執事於旬日間建此奇功，以方古人，未知孰愈。」

此後，徐樹錚在外蒙古設立邊蒙銀行，聘請德國化學家從事地下資源調查，從天津引種大白菜（此前外蒙古從來沒有蔬菜），使風氣為之一新，延續數百年的宗教保守風氣，在此時走向衰落。

如果此時徐樹錚繼續待在外蒙古，大可繼承王公和喇嘛的政治地位，當個有權有錢的坐地虎，然而他卻事了拂衣去，深藏身與名，把外蒙古治理權移交給其他人，自己回到北京，是什麼讓他放棄眼前的巨大利益？

因為他的恩人段祺瑞有難了。

士為知己者死

一九二〇年，皖系已是強弩之末，新崛起的直系勢力虎視眈眈，首領曹錕召開八省軍閥代表會議，結成八省反皖同盟，雙方很快進入總動員狀態。徐樹錚護主心切，馬上率領四萬邊防軍回到內地，投身到內戰的廝殺中。

很可惜，直皖戰爭中，皖系沒有展現以往的光彩，段祺瑞被逐下臺，徐樹錚企圖聯繫孫中山對抗直系，但未取得實際進展，北洋各系比起段祺瑞時代更亂了，誰都在扯誰的後腿，誰都在看誰的好戲，就連關乎國格的外蒙古主權問題，都因為各派軍閥的各懷鬼胎，使其在回歸短短不到兩年後便再度自治。

徐樹錚一統中國的夢想破滅，然而即使知道皖系已經被連根拔起，自己毫無一點實力，還是想力挽狂瀾。一九二五年，他密謀串聯孫傳芳與張作霖聯合對抗馮玉祥。沒想到在赴往北京的路上，竟被馮玉祥槍殺於火車站，時年四十五歲。

徐樹錚不是不清楚馮玉祥對他有敵意，但就是想賭賭看，畢竟自己曾多次出入外交場合，有國際名聲，對國家的貢獻不小。不料馮玉祥是個不識大體的老粗，什麼外交？我才不懂！噩耗傳出，段祺瑞為之痛哭。

古人經常說「士為知己者死」，這句話用到徐樹錚和段祺瑞之間可謂極為合適。儘管徐樹錚恃才傲物，得罪許多人，但二人之間可謂真正的知己，天底下只有段祺瑞能包容徐樹錚的臭脾氣，也只有段祺瑞能讓徐樹錚看得起，徐樹錚對段祺瑞是百分百的忠誠，段祺瑞對他也是深信不疑。

幾個月後，段祺瑞至天津下野，途中詢問車長何時到達廊坊車站，那是徐樹錚遇難的地方。經過廊坊車站時，火車停下，段祺瑞將車窗打開，往西邊望去，「歷十分鐘，口脣微動，喃喃若有語，老淚盈眶，掩面入臥」。後來段祺瑞交代後人，要把徐樹錚的牌位與自己的放在一起。

世事變遷，有如白雲蒼狗，稍縱即逝，徐樹錚與段祺瑞算得上是千里馬與伯樂，他們之間的知遇之恩稱得上是一段佳話。段祺瑞面冷心熱，對徐樹錚一往情深，尤令人慨嘆。對於在短短數年間傲然聳立的各項政績，熟悉宦場規則的徐樹錚，怎會不知每一次落子都觸犯不同人的利益，出招即是殺招，他明白這些事情背後的威脅與冒險，但仍義無反顧地走到最後。

在如今爾虞我詐的時代中，我們可能無法理解徐樹錚在想些什麼，為了某個人而得罪一大群人，甚至冒死赴京，最終死無葬身之處，何必呢？這是因為我們和他們不在同一個時代，民國初年的文將大多帶有任俠之氣，那是屬於他們的符號，對人生價值的衡量以精神為標準，一生甘願為理念和正義捨棄自己的利益或獻身捨命。

就像是春秋時的介子推割肉救主、豫讓捨身報主一樣，民國亦有陳布雷服藥死諫，黃百韜橫死沙場，徐樹錚為皖赴死，他們將讀書人的精神帶入沙場，以重義輕生來喚醒自古傳承下來的道德風範。用自己的生命演示出忠君思想在閉幕之際，最後一次的迴光返照。

---

7 中華民國第二屆國會（一九一八年八月十二日～一九二〇年八月），產生於民國七年，俗稱「民七國會」，但因選舉過程被「安福俱樂部」所控制，又稱為「安福國會」。

8 靳雲鵬（一八七七年～一九五一年一月三日），曾任中華民國國務總理，段祺瑞「四大金剛」之一，其他三人為徐樹錚、吳光新和傅良佐。

9 第八世哲布尊丹巴呼圖克圖，全稱博克多格根額真汗，外蒙古獨立後的第一任最高領袖。

來一場說走就走的旅行吧

——馮玉祥的蒙俄之旅

人物小檔案

馮玉祥（一八八二年十一月六日～一九四八年九月一日）軍旅生涯擅長見風轉舵，多次臨陣倒戈，民間稱其為「倒戈將軍」，又因篤信基督教而被稱為「基督將軍」。

現代社會最受歡迎的娛樂方式之一就是出國旅遊，面對工作壓力、生活困擾，休息往往不夠，「旅行」成為逃避現實的最好港灣。但我們不知道的是，現在流行的這玩意，早在沒有飛機和高鐵的一百年前，古人早就已經玩過了。

一九二四年十月，馮玉祥為支持奉系發動北京政變。當時，吳佩孚和張作霖在前線作戰，馮玉祥趁機倒戈，使吳佩孚這位首次登上《時代雜誌》封面的中國人從此一蹶不振。然而不到一年的時間，馮玉祥轉而支持郭松齡「倒奉」，此等毫無原則的舉動，終於導致直、奉兩軍反感，兩派選擇握手和好，聯合攻擊這支朝秦暮楚的部隊，馮玉祥敵不過強大攻勢，最終被迫下野。

離開軍政要權後，馮玉祥感到十分無聊，當時下野的政客幾乎都會跑到繁華安穩的天津避難。馮玉祥本來也要去天津修整，然而此時已然成為路上的口香糖，任誰走過都要踩一腳，天津人不歡迎他，一時陷入進退兩難的局面。

就在這萬分無奈的時刻，馮玉祥做了全中國乃至東亞都驚掉下巴的事情，他決定……來一場說走就走的旅行！

老馮下野記

世界那麼大，我想去看看，沒有什麼是旅行解決不了的問題，如果有的話，就去兩個國家。馮玉祥和蘇聯、蒙古的關係一直很好，一九二〇年初，共產國際受到孤立，急於在中國尋找合作夥伴，除了南方的孫中山外，北方的馮玉祥也是他們極力拉攏的對象。馮玉祥想要蘇聯的資金，蘇聯則以馮玉祥輸出共產革命，兩方互利共生，可謂你情我願。

蘇聯曾多次邀請馮玉祥到當地玩一玩，順便視察社會主義的改革成果，可惜礙於公務繁雜，他總是婉拒。一九二六年三月，馮玉祥在沒有和任何人商量的情況下，大方回應蘇聯的邀請，將自己的職務交給其他人，自顧自地取道蒙古，奔赴蘇俄。

為了讓這次旅行顯得氣派，馮玉祥可是煞費苦心，出國前特地派遣唐悅良為他製作一套十分講究的西裝，精挑細選出「一百八十公分的個頭、面目清秀、不胖不瘦、體格健壯的小夥子」做為陪同，且購買氣派的林肯牌大轎車以示軍威。捲著黃沙的煙塵，浩浩蕩蕩出發了。

蒙古考察

一九二六年四月，馮玉祥的旅行團來到蒙古國首都庫倫，蒙古人民革命黨的黨主席丹巴道爾吉早已知道馮玉祥的旅程，派遣蒙古軍官學校的許多人員前來歡迎，有意思的是，馮玉祥一開始就出包。他不熟悉蒙古的政治體制，竟然把「蒙古人民革命黨」誤稱為「蒙古國民黨」，且由於無人提醒，馮玉祥在蒙古住了三十多天，皆以「蒙古國民黨」一詞稱呼，不知黨主席作何感想就是了。

當時的蒙古處在很微妙的階段，俄國的革命好兄弟弗拉迪米爾．列寧（Vladimir Lenin）已經死了，而軍事強人約瑟夫．史達林（Joseph Stalin）尚未掌權，沒有強而有力的獨裁者，呈現一片祥和，與我們想像中那個搞大清洗、集體化的臭流氓相差十萬八千里。蒙古和蘇聯都在經濟上實行較接近資本主義的「新經濟政策」，大力鼓吹各種刺激經濟的政策，例如鼓勵外資企業投資，將資金與技術引進國內等，使國內的工農業生產總值迅速上升。而在政治上，黨內的右派與左派擁有幾乎相同實力和政治地位，這是他們歷史上少數民主的時期。

自蒙古人民共和國創立以來，經常被歷史學家認為是蘇聯的衛星國，絲毫沒有一點自治權，不過這段期間，蒙古已經完全脫離中國掌控，而宗主國蘇聯又處於權力真空期，蒙古處於真正獨立的狀態，可以旁若無人地力圖革新。他們以軍事實力和經濟建設保障國家主權，以馬列思想打破宗教權威，力圖復興成吉思汗的輝煌偉業。

馮玉祥在蒙古政府的邀請下到處遊玩，對蒙古人留下很深的印象，「他們都生氣勃勃，努力於政治工作，很有一種新興的朝氣」。他特地記述曾受邀參加的黨政兩方舉行聯席會議：

「會場是小小的一座屋子，只可容三十餘人，結果到會的卻有六十多人，於是有的坐椅，有的坐凳，有的坐在凳襯子和椅凳背上……在這八個鐘頭中間，大家只用了一次飯，每人兩片黑麵包和一杯紅茶而已，據說他們日常生活都是如此簡樸。」

這是馮玉祥第一次見識到思想工作的厲害之處，新成立的蒙古是極具理想性的國家，充滿新興氣象，掌握政權的人大多是志存高遠的青年，能挨得了餓，吃得了苦，且心甘情願。為什麼民初軍閥混戰中，軍人變節層出不窮？正是因為沒有共同想要達成的遠大目標，大家活著都是為了今天和明天，至於未來和遙不可及的夢想，沒人在想。若是能讓官兵們認同一種夢想，大家朝那個方向邁進，不就太好了？

要說馮玉祥對社會主義的正面評價，其實說不上不對，當時蒙古的思想改造多半溫和，例如在破除迷信方面，沒有像後來的共產中國那樣打砸佛像、批鬥僧人，只是勸說喇嘛還俗，且將寺廟收為國有繼續開張，民眾仍可以保持他們的宗教信仰。總體來說十分小清新，與後來那種限制思想、迫害知識分子的社會主義不同。

俄國風味裹腳布

馮玉祥雖然是一代軍閥，但很懂得品味生活，在外蒙古的這段假期，既無案牘之勞形，亦無國內政治之亂耳，他拋去所有煩惱，輕輕地享受清靜悠閒的假期。早上幾片黑麵包，配點「煮得發紅發黑的濃茶」，就開始一天的生活。他優閒地學習俄文，讀累了就進入市區看看不同的人事物，或者跑到一望無際的蒙古大漠，一望就是好久好久。

後來，馮玉祥受到蒙古政府邀請，來到軍隊營部進行參觀，有趣的是，他發現當地駐軍軍營內「每一連設有一座列寧室」，這是對士兵施行政治教育的地方，不知讀者是否覺得有相似之感呢？沒錯，後來國軍把這套技術移植過來，在每個連同樣設置政治教育場地，這就是我們耳熟能詳的「中山室」。

回到正題，馮玉祥進入兵營後，只見「營房的地板擦得很乾淨，一切內務也大致不壞」，但「室中有一種特殊的臭味」。馮玉祥雖然不太梳理裝扮，常以破衣破褲、滿臉鬍渣出現在大家眼中，但他卻最為注重衛生習慣，與其共事過的幕僚回憶中，不乏諸多馮玉祥過度潔癖的批評，甚至曾爆料每到一地，一定要挖一個專屬廁所，不許別人使用。

馮玉祥嗅著臭味，覺得很不愉快，琢磨許久，判斷應該是「俄人特有的臭氣」。先前認識的蘇聯顧問們都喜歡噴香水，應是「避免這種臭味的緣故」。為了找尋臭味來源，馮玉祥在蘇軍營房裡，做出令人哭笑不得的動作，他看見一個酣睡的士兵，忽然怪癖大發，請另一個士兵把放在靴子裡的裹腳布取出來查看（俄人穿靴子時，腳上不是穿襪子，而是用裹腳布），沒想到這士兵「金玉其外，敗絮其中」，裹腳布又臭又髒，且腳趾甲已多日未剪，馮玉祥細細端詳著士兵的腳，臉上面露難色，身旁的人都笑了。

蒙古美食好吃嗎？

旅行，美食肯定是不可避免的話題。說到蒙古的地方特色，大家腦海中肯定會浮現出涮羊肉，此物號稱遊客到蒙古必嘗之上品，然而馮玉祥卻提出不同看法。蒙古軍隊請他留在軍營吃涮羊肉，老馮看著鮮紅的肉片，覺得很不合胃口，在回憶錄中帶著批評的口吻寫道「那些半生不熟的肉上有時竟還帶著鮮血」、「拿出來就往嘴裡塞」、「大概整天吃肉的緣故，所以牙齒都特別好」。

照現今的理解來說，涮羊肉就是不能煮太久，要讓肉質保持軟嫩，以免老化。不過馮玉祥卻覺得這太不衛生，看來外表壯如老虎的老馮，心裡卻住著挑剔的小少年。

那麼，蒙古名產馬奶酒呢？馮玉祥不抽菸、不喝酒，所以沒有體會到奶酒的滋味，但他倒是有喝到尚未發酵過的馬奶，好不好喝，馮玉祥沒說，只在回憶錄中淡淡地寫道：「這種不合衛生的習慣，想必也可以革除了。」看來應該不覺得好喝。

馮玉祥對當地飲用水的水質頗多抱怨，雖經濾清，但不能濾淨，總有一種怪味，還好那裡有賣漢口、九江等地運去的茶磚，才讓馮玉祥將「至為汙穢」的河水吞下去。這次的蒙古之旅雖然讓他大開眼界，但在飲食上始終是遺憾的。

好面子的俄國人

在蒙古待了一個月後，馮玉祥決定繼續旅行，直到抵達蘇聯。蘇聯政府為了禮遇馮玉祥，特地準備一輛二等車，讓他得以在西伯利亞的旅途中往返愉快。一九二六年，蘇聯的資本主義氣息濃厚，馮玉祥旅行到烏拉爾時下車休息，發現路上竟有攤販販賣當地的礦石，他興匆匆地跑去買幾顆留作紀念，開心地說道：「都是能引起中外旅客們心愛的物品。如果把全國各地這些工藝品運到鐵路各站販賣，豈不增加很大的銷路！」

有趣的是，近代中國尚未有紀念品的概念，馮玉祥可能是中國歷史上第一個提出這種概念的人。

行往莫斯科的途中，馮玉祥的保鑣及幕僚，包括隨身祕書尹心田，皆對壯麗的西伯利亞原始森林及貝加爾湖震撼至極，馮玉祥沒有看風景，他細細地琢磨著車廂內的俄國人，看他們的一舉一動。俄國人每到一站，蒸汽機車頭需要添加木炭而暫時修整，所有乘客便不約而同地提上熱水壺下車，一起到專供旅客飲用的開水房打水，沒有人爭先恐後，也沒有人要特權，士官、士兵和普通百姓不分職務高低貴賤，不疾不徐地添加熱水，呈現一律平等的景象。馮玉祥滿意地點了點頭，他對社會主義改革的好感似乎愈來愈濃。

一九二六年五月九日，馮玉祥終於到達莫斯科，儀仗隊在火車站為馮將軍舉行隆重而熱烈的歡迎儀式，迎接他的是蘇聯紅軍總參謀長等多名大官。數百名華裔學生舉著「歡迎國民軍領袖——中國工農運動捍衛者」的標語，歡迎馮將軍的到來。

其實，蘇聯早就對馮玉祥垂涎已久，此次邀請他前來，最主要就是把他的思想改造一番，讓他成為社會主義革命的一員，以便之後仿照廣州國民政府那樣，在裡面安插蘇俄顧問，允許中共在軍中發展壯大，一步步蠶食中國。接下來的三個月，蘇聯為了達成目的，可謂煞費苦心，計畫總體來說總共分為三路：

第一路：名人雲集給面子

為了讓馮玉祥感受到重視，蘇聯的政要幾乎都跑來會見他，列寧夫人還贈送一套《列寧全集》和一座列寧雕像給馮玉祥（據馮玉祥回憶，雕像在歸途中摔碎了）。

第二路：讓他見識見識

馮玉祥被大量安排參觀活動，先後到各地的著名景點，讓他看到蘇聯軍隊強大，經濟發達，人民幸福。等於暗示馮玉祥，只要他站邊蘇聯，就會得到想要的援助，進而統一中國且實現和蘇聯一樣的飛速發展和進步。

第三路：有好吃的東西

馮玉祥隨著顧問團隊跑到莫斯科各處旅遊，肚子餓了便做「不速之客」，到附近的軍營向蘇軍蹭飯。當時中國軍隊的伙食只能勉強填飽肚子，而蘇軍最普通的士兵就能吃到牛肉白菜湯，而且裡面的牛肉竟有三、四兩，令他大開眼界，同一時間的西北軍，還只能以稀粥、青菜度日呢。

蘇聯的計畫是成功的，基於對蘇聯的大好印象，馮玉祥整個人都充滿熱情，甚至許諾西北軍全員都要加入國民黨。

馮玉祥一直在蘇聯待到八月，本想繼續遊歷下去，然而國內的局勢風起雲湧，使他不得不關注，此時中國傳來兩大消息，一是所屬西北軍局勢陷入艱難，張作霖打算繼續向西追擊，直到馮軍消失在地平線；二是廣東國民政府開始北伐，在蘇聯的援助下勢如破竹。身在莫斯科的馮玉祥得知消息，既心急如焚，又欣喜若狂，他與蘇聯達成承諾，以支持共產革命來交換蘇聯的武器裝備，便迅速回國。為日後響應國民革命軍北伐，為中國歷史的走向埋下伏筆。

拓展眼界的旅行

若說這場旅行對馮玉祥有什麼成長，大概就是拓展眼界，體會到除了中國的政治體制外，還有其他可行的路。馮玉祥確實是個懂得品味旅行的人，能在走馬看花之餘，抓取到重點，進行反思，當幕僚為蘇俄漂亮的山水景點驚訝時，他細細地捉摸普通百姓的一舉一動；當幕僚在車站休息時，他對一旁販賣紀念品的攤販若有所思；當其他人大口品嘗當地美食時，他卻計算牛肉的分量，相較之下，中國軍隊又能配給多少分量。

這些浮光掠影的經驗，還真成為日後丈量行政的基準，他提倡人民不管做什麼事都要有秩序，在西北各處打擊治安死角的妓院與菸館，規定軍官在市中心不能乘坐轎車，防止秩序受到擾亂。他注重經濟收入，中國旅遊景點大規模實施售票，就是從他主政西北開始的；除此之外，他勤於審查伙食經費動向，駐守洛陽期間發現米飯參雜砂石，竟勃然大怒，把地上石子全塞進司務長的嘴巴。

某方面來說，馮玉祥確實把這場旅行的所學學以致用了。還記得前面提到忘記剪腳趾甲的士兵嗎？或許是因為腳真的太臭，給馮玉祥的印象實在太深刻，四年後，馮玉祥自導自演的電影《北伐工作記》中，竟加入他為士兵脫去鞋襪，親自為他們剪腳趾甲的橋段——西北軍窮又怎樣？我們雖然破衣破褲，但腳趾甲是乾淨的！

民國義務教育的奇蹟
——閻錫山統治下的山西

人物小檔案

閻錫山（一八八三年十月八日～一九六〇年五月二十三日）

北洋軍閥晉系領袖，曾任中華民國行政院院長、國防部部長及總統府資政。

辛亥革命後，經歷多場內戰、抗日戰爭及國共內戰，依然屹立不倒。

世界各國的強盛與否，其實軍事實力只是其次，如果要論最根本的原因，教育肯定是至關重要的基礎。一個國家如果軍力薄弱，尚可以用其他技術彌補，但一旦沒了教育，就真的完蛋了。

中國教育史上，民國是最精彩的一段歲月，清末新式教育制度大致完備，民國政府基本就順水推舟，繼承現有的教育體系進行擴大，各地的基礎教育學堂如雨後春筍相繼出現。一九二九年，全國小學生總共有八百八十萬人，但七年後（一九三六年），學生竟增加到一千八百萬人，成長數量翻倍有餘，中國在此前後共有近百萬名知識分子積極投身教育事業，創辦新式學堂，政府還「強迫」家長把孩子送到學校接受新式教育。

所有省分裡，山西的就學成長比例最引人注目，自從一九一六年閻錫山開始掌握山西政權後短短六年，全省學齡兒童就學比例居然從不到二〇％，迅速攀升到八〇％[10]！就學比例比當時的臺灣多了二・八倍，比廣東多了近四倍[11]。除此之外，在閻錫山治理期間，山西接連誕生出各種教育政策：

一、大膽廢止文言文教科書，積極倡導通俗教育，成為第一批推行注音字母以輔助學習的省分。

二、開辦義務教育的先驅，讓小孩免費上學，父母不讓孩子就學要罰錢。

三、提倡「家性教育」，要求課程要對家庭有幫助，不能死讀書、讀死書，說白點就是實用主義。

閻錫山認為什麼錢都可省，唯有教育不能省。在紛紛擾擾的民初亂世中，其控制地宛如置身局外一般，安安靜靜地辦學，實實在在地掙錢，既沒有擴張領土的欲望，也沒有遭受攻擊的機會，《時代雜誌》曾對閻錫山治理做過評價：

閻錫山實際上處在一個獨立王國之中。儘管當時晉西南地區還存在糧食短缺，但閻錫山為一千一百萬人帶來了繁榮，在中國，他們最富裕，因而他便顯得出類拔萃。

做為民國一大人物，閻錫山前前後後掌握山西三十餘年，想必很多人都對其有著特殊印象，閻錫山非常喜愛撈錢，不管外面打得多凶，吵得多熱鬧，總是默默地搞礦產、做貿易，只有動到他的地盤和錢財時，他才會猛然回頭和你拚命。翻閱民初軍閥的控制版圖，各派軍閥的領地此消彼長，甚至不乏有完全消失殆盡者，而穩坐在中原之央的閻錫山卻始終沒有一點擴大與減少，就像是靜止一樣，彷彿向所有人說：「你們打架關我什麼事，別影響我就好。」

從旁人的眼光來看，閻錫山的格局很小，一天到晚只盯著自家的一畝三分地，絲毫沒有一點梟雄的氣勢，但正是此人將山西這個獨立王國打造成全國最富裕的地方。

小氣鬼閻錫山

現在想到最會做生意的省分，無非會想到浙江或廣東，但假如從歷史的角度來看，山西才是做生意的代名詞。我們在教科書曾看過「晉商」一詞，就是從山西來的商人，他們從明、清時期就開始承包官府的商業交易活動，不僅壟斷整個北方貿易和資金調度，而且足跡遍布大江南北，這種盛景持續長達五百年之久。

不過到了清朝末年，隨著上海租界開闢，以及香港、廣州等靠海大城的崛起，做為內陸省分的山西便開始衰落，資本雄厚的商人紛紛離開山西，留下零散且不成氣候的小規模商家，閻錫山就是在這個時候誕生於山西的商人家庭。

閻錫山小時候家裡並不有錢，十四歲那年，他決定隨父親進城創辦錢莊，沒想到卻不慎失手全部虧光，因債臺高築無力償還，只能祕密跑路，閻錫山為此跟著吃了很多苦，也養成後續愛掙錢、存錢的習慣。

十九歲時，閻錫山開始步入軍旅生涯，至此官運通亨，很快就當上山西陸軍標統，但無論到哪裡，閻錫山都秉持著「商人」原則去辦事，例如辛亥革命時，革命軍和清軍正如火如荼地拚搏，閻錫山卻在旁邊默默地看著他們打，想說如果哪一邊比較強，就幫哪一邊。後來政府軍敗象漸露，他便率領部隊突發猛攻清軍，就此坐上山西都督的位置。

由於童年困苦的悲慘記憶，閻錫山非常重視省錢，每天的早餐就只是一碗簡單的白米粥，每次都會吃得乾乾淨淨。有一次，閻錫山喝完粥，將碗交給僕從洗，準備出門時發現碗裡還有一粒米，他立刻讓僕從拿碗給他，將這粒米吃掉，僕從覺得很疑惑，閻錫山卻振振有詞地說道：「一粒米雖小，可哪裡會憑空得來？你哪裡知道這一粒米背後所要付出的艱辛。」

閻錫山如此苛刻地對待自己，對待外人就更不客氣了，他在山西造的鐵路全是窄軌，外省的火車進不了山西，也拉不走當地資源，而閻錫山只需要稍微調整窄軌列車的軸距，就可以將各項產品出口到大江南北——當然，修窄軌鐵路的用料更少、更便宜，為他省下一筆鉅款，填補自己的財政漏洞。

省錢不是缺錢，摳門不是無門，閻錫山雖然惜財如命，但省下來的錢財大部分都用在山西的發展上。他主政幾十年，山西的工業發展很快，全國首屈一指；特別是教育方面，閻錫山剛上任就準備普及國民教育，透過籌資和自己的積蓄，在山西創辦大量學校。畢竟，人民窮的根本是因為沒有一技之長，如果人人都識字，學會算盤、記帳，即使再窮都能謀口飯吃，不至於餓死。吝嗇到一粒米都不放過的閻錫山，在教育上花起錢來卻揮金如土，成為全國首位實踐義務教育的先鋒。

強迫教育

目前的國民義務教育是十二年制，小學六年、國中三年和高中三年，全部修完，義務教育才算完成。民初也有義務教育，不過最早不叫義務教育，有個更威武霸氣的名稱——「強迫教育」，意思是政府逼家長把孩子往學校裡送，國民政府成立的前後幾年，「義務教育」的說法才漸漸取代「強迫教育」。

民初時，義務教育的年限要求比現在低很多，僅四年而已。國民小學由「初等小學」（初小）和「高等小學」（高小）組成，初小是指小學一年級到四年級，高小是指小學五年級到六年級。修完初小的學業後，義務教育就完成了，要不要繼續讀看個人意願，由不得政府。

雖然民國時期有諸多法令規定人民有受初等教育之義務，但在閻錫山提出《山西省施行義務教育規程》前，這些只是徒有虛名的空頭文件，某些省分如北洋時期的江蘇，政府明令要修完六年的小學教育，但真正能完成的孩童連十分之一都不到。

閻錫山小時候只讀過幾年私塾，成長路上吃過很多虧，因此對教育尤為重視，沒有半點含糊，就他所說：「要挽救民族危亡，除了普及小學教育，再沒有好路可走。」

一九一八年，山西政府正式宣布《山西省施行義務教育規程》，閻錫山極力呼籲：「凡是山西百姓，不論貧富貴賤的小孩子，七歲到十三歲，這七年內必須有四年上學，名為國民教育，凡上過學的人，知識就高了，為父母的無論如何貧窮，總要讓子女上學，是父母對子女的義務，又名義務教育；國家法律明定，人民若不上學，處罰後還是得上學，又稱強迫教育。」

閻錫山在山西推廣義務教育，頗有幾分「強迫」的味道。他的方法為：先在山西省城太原推行義務教育，然後到其他城市推廣，接著在縣城發展，陸續到三百戶以上的村落施行，最後在小村莊實行。即先城市後鄉村，先大城後小城，循序漸進，一步一步走。

辦學初期的困難

辦學初期，大部分老百姓對義務教育興趣缺缺，原因不外乎兩個：一是辦教育很燒錢，二是辦教育會占據公地。

先說前者，搞義務教育非常花錢，閻錫山雖然打包票說初級小學以不收學費為原則，不過羊毛出在羊身上，這些花費的一部分最後還是得由老百姓買單，普通農民和市民一聽到花錢，當然不情願。

為此閻錫山的解決辦法是：極力解釋。他到山西各處演講，呼籲這麼做的用意絕不是浪費，絕對對家庭有幫助，甚至保證學校教育不會忽視對家庭生活的幫助，且會根據學生家中的不同情況，確定對村民的教育內容，他說：「例如農家子弟，就把耕田做為一門功課，總要使上過學的男子，比沒上過學的愛鋤田；上過學的媳婦，比沒上過學的愛打場（晒麥子）才是。」他認為這樣培養出的人才對家庭有益，可以替父母解憂，同時父母也願意把孩子送到學校，能夠形成良性循環。

解決完教育費用問題，人們願意把小孩送往學堂，第二個問題來了，要在哪裡建立小學呢？

辦學得有校舍，閻錫山雷厲風行，要求有村莊的地方都必須建立國民小學，這一紙公文不知難倒多少行政官員，村莊附近都是農地，已經有主人了；而河床附近縱然空曠，但一下雨就危險。他們找了許久，最後發現每個村里都有孔廟、土地廟、關帝廟、龍王爺廟等，擁有廣大占地，若拿來當校舍，不但免去興建學校的花費，還能以最快的時間開始教書。

閻錫山打算盤的技術可謂太高明了，以科學來換取迷信；以原有的建築來代替耗費公帑的興建，一箭雙鵰，簡直不可多得。然而將這些廟宇化為公有，遭到舉城百姓反對，特別是在太原附近的東社村龍王廟，當地守舊的遺老遺少們尤為迷信，怕沖了龍王爺，紛紛拿起竹竿駐守寺廟，看到前來赴任的老師就是一頓亂打，老師連廟門都還沒跨過，就狼狽撤回閻錫山的辦公室。閻錫山勃然大怒，派遣得力幹將趙茨龍前去。他帶了一個排，踢著正步進入東社村，老師去上課，他們就在龍王廟門口站崗，此後再沒人敢搗亂。

實用為主！賺錢優先！

一九三〇年代，上海一家小報刊登一幅漫畫：蔣介石一手握槍，一手托著現洋；馮玉祥一手舉大刀，一手抓饅頭；閻錫山一手提桿秤，一手拿算盤。每當有人說起這幅漫畫，閻錫山都會得意地笑起來，他認為自己就像這幅漫畫的寓意，精於計算，擅長計量。正如他在政治上的錙銖必較，對於教育，閻錫山走出一條獨特的路。

新文化運動後，很多教育家提倡思想解放、個性解放，一時間社會運動遍地開花，年輕人崇尚西方制度，希望打破不平等階級，除去不平等思想，追求人類的平等，紛紛走上街頭，以遊行示威、演講宣傳的方式進行抗議。

對於當時的社會風氣，閻錫山顯然有不同想法，他認為這些學生簡直與猴子無異，只是為了逞一時之快而跟隨潮流，盲目地在大街小巷喊不切實際的口號，至於喊完後該怎麼實行、該怎麼實踐，則是茫然不知。

當時北大校長蔡元培提倡：「沒有好大學，中學師資哪裡來？沒有好中學，小學師資哪裡來？」所以應該先從尖端教育開始做起，再由上往下逐漸普及。但閻錫山對此表示一萬個不認同，他認為目前的中國局勢無法進行如此激進冒險的變革，只能腳踏實地一步一步地走，「學有實際，人無棄才」，他強調腳踏實地，不要想著一步登天，盡說些不著邊際的話語。

民國期間，山西的大學建設不突出，因為閻錫山把教育經費全部普及在各地的小學教育，為了解決義務教育的師資問題，甚至用軍費當作教育經費，將山西整編軍第五旅的軍費用來興建太原國民師範學院，全部公費。

山西的教育課程可謂別出心裁，除了熟知的國文、數學、圖畫等課程，還加上符合實際需求的衛生教育和家性教育，廢止深奧難懂且枯燥乏味的讀經科。且看「家性教育」，全國上下僅有山西一省施行，也僅有山西能夠施行。家性教育就是要求課程首先要對家庭有幫助，不能死讀書，不能不著邊際，學校教育不應忽視對家庭生活的幫助，要根據學生家中的不同情況，確定對學生的課程方式，放到今天來看，這種教育方式仍然非常先進。

文學大師泰戈爾來了

隨著山西就學人數急遽上升，閻錫山的施政情況逐漸受到國內外注目。一九二四年四月，由羅賓德拉納特・泰戈爾（Rabindranath Tagore）率領的「國際大學訪問團」輾轉來到北京大學，原計畫訪問完就東渡日本，趕赴另一場訪談。但當他聽說山西太原的教育建設別有一番特色時，引起他的極大興趣。

一不做，二不休，泰戈爾隨即延遲日本的行程，帶著林徽因[12]與徐志摩跑到山西。閻錫山非常興奮，認為這是宣傳所謂「山西經驗」的大好機會，便邀請他到山西督軍公署會晤。

閻錫山雖是軍閥，但向來標榜自己是文武雙全的儒將，略微寒暄幾句就將話題轉向哲學方面。泰戈爾說：「印度與中國都是東方古國，我到這裡就像到了第二故鄉。」

說到這裡，他彷彿有意考考閻錫山，「請問閻先生，什麼是東方文化？」閻錫山說道：「東方文化嘛，簡單來說就是一個『中』字。」

「什麼是『中』？」

閻錫山用很巧妙的方式替這位大文豪解釋東方文化之精髓，脣角微微上揚，帶著哲學的口吻說道：「有『種子』的雞蛋的『種子』即是『中』。此『種子』為不可思議、不能說明，宇宙間只有個種子，造化就是把握這種『種子』。假定地球上抽去萬物的『種子』，就成為枯朽；人事中失去『中』，就陷於悲慘。」

泰戈爾微笑著點頭，又問：「都說中國奉行『中道文化』，可我們此行經過上海、天津、北京，怎麼見不到一點『中道文化』的痕跡呢？」

閻錫山嘆了口氣：「不只上海、天津、北京，就是在太原也難找，鄉村或許可以找到一點。」

兩人聊著彼此的哲學，天南地北無所不包，幾個鐘頭的時間飛逝而過，即將散場時，兩人竟有惺惺相惜之感。泰戈爾說：「我這次來山西，想找個地方進行鄉村建設實驗。」閻錫山當場答應，同意把晉祠一帶劃給泰戈爾做實驗基地。泰戈爾很高興，立刻委託徐志摩負責這件事，還留下一位英國朋友住在晉祠研究中道文化。

回到印度的泰戈爾還一直關注著太原的鄉村建設實驗計畫，遺憾的是當時中國政局動盪，政策多變，腐敗、社會治安問題嚴峻，先是中原大戰一觸即發，加上隨之而來的侵華戰爭，諾大的中國，容不下一張安靜的書桌，覆巢之下，哪裡都沒有桃花源，詩人在山西實行鄉村實驗的理想夭折了。也恰似泰戈爾的那句名言——天空沒留下我的痕跡，但我已飛過。

世上第一樣積德之事

在戰亂的三、四〇年代，閻錫山創造中國的教育奇蹟。著名教育家陶行知曾三次考察山西義務教育，得出這樣的結論：「中國除山西省外，均無義務教育可言。」

不可否認的是，中國的教育奇蹟出於最亂的時期，民初在教育方面，有過太多的貢獻與極大的參考價值。從新文化運動到五四運動，乃至於北大、清華至西南聯大，從辜鴻銘[13]到胡適，當我們驚嘆這些傳奇時，必須將視角瞅近一看，在基礎教育方面，是誰自願限縮向外擴張的野心，在那個沒有法律、毫無約束的時代下，紮紮實實地換取基礎教育的普及。

10 陶行知《民國十三年中國教育狀況》。
11 矢內原忠雄《帝國主義下之臺灣》，出版於一九二六年。
12 原名林徽音，中國歷史上第一位女建築學家，參見《民國文人檔案，重建中》。
13 中國學者、教授，學博中西，人稱「清末怪傑」，為當時精通西洋科學、語言兼及東方華學的中國第一人，參見《民國文人檔案，重建中》。

打開潘朵拉魔盒的少年

——唐繼堯與全國鴉片貿易

人物小檔案

唐繼堯（一八八三年八月十四日～一九二七年五月二十三日）滇軍創始人與領導者，曾與國民黨合作，又於一九二五年欲討伐國民黨，但遭到桂系李宗仁擊敗。一九二七年，部下龍雲等人發動兵變，遭到禁錮而病卒，一說是被龍雲處死。

「雲南有多少吸菸的人，沒有切實地調查、統計過，由表面現象約略估計，大約每十人就有一人是吸菸的，雲南一千七百萬人，吸菸的當在一百萬人以上，這是一個何等驚人的數字。」

——宋光燾《鴉片流毒雲南概述》

鴉片在雲南

討論中國近代史，鴉片是離不開的話題，中國因鴉片開啟近代以來的屈辱歷史，鴉片荼毒中國人的身體健康，成為洋人眼中積貧積弱的待宰羔羊。可是今日回首歷史，更多的是關注鴉片戰爭背後的民族情緒，忽略了「中國人在這個過程中究竟犯了哪些錯誤」。事實上，鴉片在近代中國的氾濫，洋人只是開第一槍罷了，真正發揮關鍵作用的當屬政府有意無意地規避責任，甚至是輔助推廣的態度。

一八四二年，鴉片戰爭結束，正是中國連續百年遭受列強歧視的開端，清廷眼看洋人挾船堅炮利，自己再搞武裝、禁菸是不可能的，只能寄望以經濟手段解決因鴉片貿易帶來的白銀外流問題，由清廷大力提倡的「國產鴉片」出現了。

國產鴉片的目的很簡單，與其讓洋人掙中國人的錢，不如中國人掙自己人的錢，國人的健康和國庫的積蓄不能兩全，那就先犧牲國人吧！當時清廷找到三個適合種植的地方——雲南、貴州、四川，地域廣大且環境乾淨，種植的鴉片無論色、香、味都能媲美印度、波斯等地的上等貨。一八八二年，大清國的鴉片完全實現自給自足。

到了滿清末年，國力有重新挽回之勢，國人的健康再度成為焦點，光緒皇帝頒布嚴厲的禁菸政策，「著定限十年以內，將洋土藥之害，一律革除淨盡」，國內的鴉片田受到強烈打壓（鴉片種植大戶何應欽的父親甚至因而被處死），同時進口鴉片每年減少十%，十年之內完全肅清。

不過很可惜的是，民國建立後，這些禁菸政策都被打亂，象徵要斬斷一切陋習的新興國家，雖空有抱負理想，卻無實踐能力，各地軍閥為維持割據地位，每年必須支出鉅額軍費，軍閥遂想方設法從鴉片貿易中牟利。沒有中央強而有力的管制下，各地大大小小的軍閥紛紛開始種植鴉片，而其中帶頭的罪魁禍首，當屬於唐繼堯。

東大陸主人

唐繼堯曾經是個好人，自幼聰穎異常，六歲上私塾，十五歲在童子試考中榜首。二十一歲東渡日本，考取日本陸軍士官學校第六期，後來接觸革命思想，成為同盟會三十七名老會員之一。年少的唐繼堯為人氣宇軒昂，胸懷大志，曾在一枚水晶圖章刻上「東大陸主人」字樣，以表志向。

唐繼堯是不忘本的人，歸國後結識很多北洋大人物，但與這些達官政要周旋時，總保持原則。例如有一天，善於風水的徐世昌說唐繼堯的名字犯諱，想替他改名字，依照常人的邏輯，此時肯定要感恩戴德、山呼萬歲才是，然而他堅定地答道：「名字受之父母所取，篡之不恭。」還有一回，馮國璋欲招他為婿，唐繼堯同樣婉言謝絕，他後來對人說：「一個對父母不孝的人，絕不會愛國愛民，更不會忠於職守。這種人不論有多大本事，我都不會重用他。」

滿清中央很缺人才，唐繼堯本可趁勢到華北謀求發展，但愛鄉的他選擇回到雲南，在講武堂擔任高級教官，繼續宣傳同盟會的革命主張，吸收會員。

辛亥革命爆發後，昆明響應起義，成立雲南軍政府，蔡鍔[14]被公推為雲南軍都督，而唐繼堯則因公正廉明的個性成為雲南軍政府軍政，化身西南地區的二把手。唐繼堯很清楚袁世凱的強大，只要他一聲令下，南京便會土崩瓦解，革命果實將毀於一旦，因此在南北為建都一事爭論不休時，唐繼堯選擇通電支持袁世凱在北京就職。

中華民國成立後，蔡鍔被袁世凱羈留北京，唐繼堯成為雲南的實質統治者。他行事極有條理，發展市政從不搞政治與小花招，任內前三年的政績多不勝數，拿最起眼的三個來說，全是超前偉大的：

一、拓建螳螂川的石龍壩水電站，使昆明城的照明燈盞數整整翻了四倍之多。

二、興建西南地區第一個自來水廠（翠湖自來水廠），改善飲水、健康問題。

三、公開發行鐵路股票，募股修建從雲南橫跨運南的「個碧石鐵路」，加速發展雲南經濟。

靠著出色的政績，唐繼堯博得西南地區民眾的歡迎。那時的他是很開放的領袖，有一次開會時，參軍牛以椿在門口連續放了幾個響屁，一回頭，沒想到唐繼堯就在身後，牛參軍感到非常愧疚。沒想到唐繼堯沒說什麼，只是叫來副官，囑咐將一籃新鮮荔枝送到牛參軍家，轉告說：「牛公年紀大，消化不好，胃氣不暢，特地送上新鮮水果，吃了可以消消氣。」

說唐繼堯的前半生是一位英雄都不為過，愛鄉、孝順、識時務、有夢想，還很愛護屬下，幾乎所有好的形容詞都能套在他身上。

那時所有人都不知道，他竟會在將來成為傷害雲南最深的人。

護國戰爭：鴉片氾濫的開始

一九一五年十二月十二日，袁世凱穿上黃袍，坐上龍椅，宣布國號改為中華帝國。由唐繼堯、蔡鍔、李烈鈞[15]三人聯合組織的護國軍，迅速打響武裝反抗的第一槍，他們率先宣布雲南獨立，通電全國討伐袁世凱。經過三年經營，唐繼堯的統治根基基本上已經紮實，雲南上下軍民同心，士氣高昂。你可能以為這是他一生中最閃耀的時候，錯了，這恰好是唐繼堯墮落的開始。

民國政府成立前，當時擔任雲南督軍的蔡鍔為了響應中央政策，積極開展禁菸運動，雲南的鴉片田幾乎杜絕，保障了國民的健康，但使雲南的稅收銳減。如今護國運動要打敗袁世凱的北洋精銳，以雲南單薄的稅收幾乎不可能，兵馬未動，糧草先行，打仗的錢該怎麼籌措呢？時任雲南都督的唐繼堯左思右想，最終打開潘朵拉的盒子——建議蔡鍔暫時在雲南採取「鴉片運銷和吸食合法化」。

唐繼堯的想法得到南方陣營的一致認同，至此，西南地區鴉片吸食和種植再度氾濫。隨著護國戰爭持續七個月，護國軍為了抵抗強敵，不僅在本省大量種植鴉片，還隨著攻城掠地一起賣到四川。根據李子輝回憶，由於當時各省幣制不同，鴉片幾乎成為通用的交易媒介，「沿途需要當地幣制時，即將菸馱打開，或整或零，按需要出賣……尤其是沿途賣菸，臭名太大，廣西人指為賣菸隊伍，把靖國護法的名譽玷汙了。」

一時之間，各地的禁菸狀況彷彿回到鴉片戰爭過後，長達近四十年的杜絕菸害運動至此功虧一簣，以國民健康換取國家穩固的一幕再度上演。

袁世凱一生反對菸害，小站練兵時，曾抽出佩刀殺掉偷抽鴉片的軍官，但他可能一輩子都沒想到，讓他走向滅亡的背後竟然和鴉片密不可分。有了公賣鴉片的暴利，南方軍閥紛紛獲得大量經費，資源火速上升。而袁世凱內部分崩離析，外部無法推展，只得宣布取消帝制，在恐懼和怨恨中死去。

護國戰爭推翻洪憲帝制，埋葬袁世凱，唐繼堯做為首要功臣，政治生涯來到巔峰。以一人之力獨掌雲南、四川、貴州三省軍政大權，直至八省聯軍總司令，整個二十世紀一〇年代末，幾乎稱得上是南方中國的第一霸主，對外號稱「東大陸主人」。

墮落的開始

唐繼堯接觸到權力的真正滋味，這正是他為人轉變的時刻，或許權力和鴉片一樣讓人著迷吧！唐繼堯對權力的欲望愈來愈大，昔日打敗惡龍的勇者，慢慢長出鱗片、尾巴和觸角，變成下一代惡龍。

達到政治高峰的唐繼堯，朝思夜想如何讓自己持續處在最頂峰。他認為錢是第一要事，而鴉片又是賺錢的第一要事，不過起初鴉片合法化是為了打敗袁世凱，但現在袁世凱沒了，沒有繼續利用鴉片賺取軍費的理由。唐繼堯雖然公開撤掉鴉片合法化的條例，但在他心裡面，始終無法忘記這種賺錢的好方法，這是他向惡的開端。

要說鴉片有多可怕，使用者不僅容易沉迷，當政者亦容易深陷其中，一旦跨越人性之惡的界線，就難以重回往常。

護國戰爭結束的四年後，一九二〇年秋，由於唐繼堯政府連綿不斷的軍閥混戰，龐大的軍費消耗，由此爆發嚴重的財政危機，此時唐繼堯再次選擇開放鴉片補充經費，不過這次不再是為了拯救國體，而是為了保障自己的勢力。

說來好笑，由於唐繼堯曾承諾禁止鴉片，為了讓自己言行合一，新推出的《雲南禁菸處罰暫行章程》仍禁止種植鴉片，但除去死刑與有期徒刑，將「罰款」降到非常低，幾乎與先前合法時的「菸稅」無異，擺明就是要讓百姓快點種植。

上有好者，下必甚焉，雲南一般夏種早稻、玉米，冬種小麥、罌粟（鴉片）。由於鴉片獲利最厚，漸漸排擠其他作物的種植季節與面積，成為雲南冬、春產量最多的農作物，種植區域遍及整個雲南的農耕區。若當季收成好，利潤等於種植的土地價值的四分之一，也就是說，種植四個季度的罌粟所賺取的利潤就可以買到一大片土地，幾乎沒有農民能抵擋住這種誘惑。唐繼堯不斷擴大鴉片種植面積，幾乎占據雲南政府總收入的一半。

唐繼堯利用雲南都督的職權，施展行政手段，促使千千萬萬的人民染上毒癮。鴉片戰爭時期，英國殖民者沒有辦到的事，竟會在唐繼堯手上完成。

有些事情踏出一步後，便會一直做下去。民國初年的鴉片有分等級，四川產量最大，但味道最差；貴州產量中等，味道一般；而雲南較為稀少，但味道最好，當地的菸土十分珍貴，普遍受到權貴階級歡迎，價位幾乎和舶來洋貨匹敵。但唐繼堯就像是吃不飽的獅子，希望將所有產地都控制起來，實行鴉片專賣。

唐繼堯不停向四川與貴州增兵，妄想將它們納入自己的勢力範圍。貴州很快就打下來，但四川的軍閥沒有打算讓他過去，為了抵禦滇軍來襲，川軍仿效唐繼堯幹起種植鴉片的勾當，使四川成為全國最大的鴉片生產地，兩方互相對峙，社會底層成了最大的犧牲者。

滇桂戰爭：搶奪鴉片之戰

唐繼堯靠鴉片崛起，亦靠鴉片腐敗，更是靠鴉片從軍閥歷史消失。他的滇系帝國中，廣西一直是難啃的肉，不屬於滇系的控管範圍。然而要把鴉片運往中原，就得從廣西運送，其中少不了廣西軍閥獅子大開口的過路費。唐繼堯想將領域拓展到廣西，為雲南菸土向南打開銷路，正好廣西的舊桂系和新桂系爆發混戰，於是他想來個「鷸蚌相爭，漁人得利」，馬上率領七萬部隊分三路東進，挑起滇桂戰爭。

此時的滇軍早已不是意氣風發的靖國軍，鴉片的暴利讓他們的眼中只剩金錢與享樂，軍隊內烏煙瘴氣，軍官攜帶鴉片以菸代餉，士兵則與菸商帶著菸土沿途販售，行軍速度極慢。唐繼堯的弟弟唐繼虞任職軍官，此行亦攜有菸土數百萬兩，在途中等待上海、武漢等地菸商來販運。導致廣西的李宗仁、黃紹竑、白崇禧率領桂軍打敗舊桂系後，還能有條不紊地做好防禦工事，創造中國歷史上少數以少勝多的戰事。

滇、桂兩軍交戰後，照理說滇軍無論人數或裝備素質都有優勢，隨便打都會贏才對，沒想到此時鴉片卻成為滇系的致命傷害。滇系在這次軍事行動，伴隨很多想做生意的鴉片商人和業餘士兵，眼見前線遲遲無法攻下，不能把鴉片順利帶到廣州賣出，便和本地的菸商勾結，從前線偷偷運出菸土二十多萬兩，沒想到被桂軍當場捕獲，此時的桂軍幾乎窮到沒有柴米做飯，黃紹竑接獲電報激動大叫：「天無絕人之路！」這批菸土成為現成的軍餉、軍費，奠定桂軍勝利的基礎。

數十年後，黃紹竑在回憶文談到鴉片與軍閥戰爭的關係時說：「全國各省數十年來的軍閥戰爭，可以說沒有哪一方面與鴉片沒有關係。」[16]

戰役僅打了短短三個月，唐繼堯的精銳部隊盡失，從邊境狼狽退回雲南。此後唐繼堯的影響力一天不如一天，控制的地區愈來愈少，直到被自己扶持的小老弟龍雲發動政變，被迫交出軍政大權，不久後便鬱鬱寡歡逝世，享年四十四歲。

身敗名裂

相比護國戰爭的死對頭袁世凱，唐繼堯與他還真有許多相似之處，同樣少年時意氣風發，同樣為國家立下赫赫戰功，也同樣為權力所困，最終弄得身敗名裂，眾叛親離。

唐繼堯的本性不壞，從他年少時的詩詞可窺見很有抱負，例如「願銷天下蒼生苦，都入堯雲舜雨中」、「蔓草他年收拾淨，江山遍栽自由花」，只可惜權力猶如水，能載舟亦能覆舟，古往今來許多豪傑皆曾滿懷夢想，但當權力到手後，卻忘記初衷，暴君被暴君取代，昏君被昏君接替，至此眼中再無人民，「堯雲舜雨」成為「斷雨殘雲」，「自由花」成為鮮紅的「罌粟花」，昔日神聖的革命先鋒雲南，短短幾年重新變成腐敗的邊疆。

14 清末民初政治家、軍事家。曾響應辛亥革命，發動反對袁世凱復辟帝制的護國戰爭，被譽為護國大將軍與軍神。

15 清末及中華民國大陸時期軍事將領、政治家，中國同盟會、中國國民黨成員，歷史學家張玉法稱唐繼堯、蔡鍔、李烈鈞為「護國三傑」。

16 黃紹竑：《新桂系與鴉片菸》，《廣西文史資料選輯（第四輯）》。

孤兒寡女尋仇記

——北洋軍閥孫傳芳被刺事件

人物小檔案

孫傳芳（一八八五年四月十七日～一九三五年十一月十三日）

民國北京政府軍上將軍，出身直系，曾與皖系配合，後期投靠奉系。

文章開始前，想請問讀者一個問題：

「如果有一位十九歲的少女，她的父親在戰爭中向一名軍閥投降後，卻被軍閥所殺，於是少女悲憤難耐，計畫報仇刺殺軍閥，請問其舉動是否有理？」

相信讀者大多認為這種勇氣與孝道兼具的女子，根本是響噹噹的現代花木蘭，絕對有理，應該要受到民意支持才對。

但我得誠懇地告訴你，這種先入為主的觀念是錯的！

法律和道德之爭是困擾中國政治幾千年的一道難題，即使是現代人，仍然很難從這道困惑的陰影中走出來。自古以來，中國提倡百善孝為先，做為一個人最基本的要求就是盡孝道，當然，為了孝道而復仇的經典故事多不勝數。漢章帝時，有個人殺了侮辱父親的人，皇帝親自下詔免除死罪；武則天時期，有個叫徐元慶的人，父親被縣裡的官員所殺，他手刃仇人，雖然被處死，卻贏得國家認證的孝子美名。

那麼，若以現代法學角度來看待這種為父復仇的舉止，其在道德上是否具有正當性，法律上又能否站得住腳？這就是我們要討論的重點了。

戰神孫傳芳

民國歷史上，孫傳芳是個非常特別的人物，他是少數經過高級系統軍事教育的將領，日本陸軍士官學校畢業，又是北洋陸軍的教官。在戰爭上，他總有想不盡的策略來攻打敵軍，湘軍軍閥魯滌平曾說：「竟有這種將領，必是孫猴子轉世。」孫傳芳有一句名言：「秋高馬肥，正宜作戰消遣。」足見其對打仗之自信。

孫傳芳除了會打仗，也有十足的傳統軍人氣魄。統領新直系期間曾積極推動軍事改革，雖擁兵數十萬，但重用文人，他統治下的江南五省，人民生活較為安定，有一定政績。

張作霖取得第二次直奉戰爭勝利後，勢力已經直抵天津，嚴重威脅孫傳芳及其他軍閥，於是浙奉戰爭由此開打。當時奉系的軍閥制度很特別，大軍閥夾著小軍閥，小軍閥夾著更小的軍閥，有點類似周天子分封的概念，而在山東，名義上是由張作霖掌控，實則分封給張宗昌，而部分軍權又由施從濱管理。

浙、奉兩方爭奪安徽地盤時，張宗昌派遣施從濱南下進攻，將自己細心培訓的白俄鐵甲兵團交由其指揮，允諾一旦攻下安徽，將以安徽都督做為酬勞。

施從濱不是什麼好人，已經年屆六旬，在官場上橫行已久，脾氣又臭又高傲，凡事皆以利益為重，其餘總一副事不關己的樣子。南下時，白俄雇傭軍洗劫村莊、傷害平民，引起民憤，施從濱從來不管。與之形成對比的是在南方禦敵的孫傳芳，此時新直系上下官民一體，同禦外敵，加上白俄軍隊喚醒中國平民對外敵的抗戰之心，使得這場內戰被賦予一層精神象徵，被昇華成「中國人與外國人的決戰」。

萬眾一心下，施從濱的部隊很快就被打得潰不成軍。孫傳芳布下天羅地網，準備包抄施從濱的指揮部，就在形勢危急的時刻，施從濱命令大軍全數後撤，自己逃上鐵甲列車，加足馬力向北逃竄。鐵甲車到固鎮橋時，施從濱見鐵橋上擠滿逃竄的部隊，竟不顧屬下勸諫，命令車長全速前進，從自己部隊的身上衝過去，橋上一千餘人立刻被裝甲車輾成一攤肉泥。衝過固鎮橋後，本以為可逃過此劫，哪知孫傳芳早已經拆掉鐵軌，鐵甲車撞擊路面，立即傾倒，他和隨從人員全部被俘。

施從濱見到孫傳芳後，似乎知道自己不得人心，不顧將軍身分，畢恭畢敬地向他行禮。沒想到孫傳芳不買帳，他一向十分討厭張宗昌的軍隊，他們用白俄士兵打先鋒，縱容手下搶掠虐俘，無惡不作，當時江浙百姓和孫傳芳的士兵都恨他們入骨；再加上施從濱逃命輾壓弟兄一事，連為自己出生入死的下屬都能背叛的人，怎麼算得上好漢，種種原因使孫傳芳動了殺心。

如果說孫傳芳有做的不妥當之處，就是當時北洋軍閥有個默認的潛規則，就是不能殺害將軍以上職位的俘虜。各個軍閥心知肚明，雖然沒有公開發表條例，但大家都約定俗成地嚴格遵守。孫傳芳的部下曾勸他審問後再殺，但當時的孫傳芳可能太過生氣，不但砍了施從濱的頭，還讓人用紅字在白布上寫「新任安徽督辦施從濱之頭」（此舉乃諷刺施從濱想趁這次戰爭獲取升官機會），懸於車站中央暴屍。

孫傳芳作夢都沒有想到，正是自己為民除害的義舉，釀成十年後天津佛教寺院的刺殺血案。

兒女復仇記

不可否認，施從濱是一名徹頭徹尾的渾蛋，利用俄國人欺壓自己人，還下令輾過同袍手足，簡直糟糕得無可理喻。不過，在親情方面，他確實做得很成功。

施從濱的女兒施谷蘭天資聰明伶俐，被視為掌上明珠。從小受施從濱愛護，接受當時最先進的教育，十八歲那年畢業於天津師範學校。施谷蘭對父親的感情很深，雖然父親在外頭以殘忍著稱，但在家裡面卻是溫暖、呵護女兒的慈父，在她眼中，父親是一位非常可愛的人。

施從濱死時，施谷蘭僅二十歲，她不知道父親在外的種種狠毒，但她明白「蒼蒼蒸民，誰無父母」、「殺父之仇，不共戴天」的道理，父親死得那麼慘，兒女怎麼有不報仇雪恨的道理呢？從她寫的一首詩中，可以看出她的心境：「被俘犧牲無公理，暴屍懸首滅人倫。痛親誰識兒心苦，誓報父仇不顧身！」

她雖然讀過書，但裹著小腳行動不便，母親年邁體弱，弟弟、妹妹年幼，需要照拂。施谷蘭曾希望藉助他人完成復仇的願望，剛開始，她把希望寄託在叔兄施中誠，他曾表示願意代其報仇。然而，施中誠不願意依照施谷蘭的意思進行暗殺，想公公正正地在戰場上報仇雪恨，施谷蘭覺得要打贏孫傳芳根本是天方夜譚，於是兩人大吵一架就分開了。

施谷蘭接著找到同情自己遭遇的諜報股長施靖公，答應以身相許，結為夫婦，生下兩個小孩。施谷蘭不知道的是，施靖公只是一時產生憐惜與敬佩之心，才莽撞地許下代為報仇之願，真要報仇搞暗殺時，施靖公便會巧妙地迴避話題。施谷蘭大怒之下，選擇回到娘家分居。

青春的蹉跎，破裂的婚姻，外加帶著兩個年幼的兒子，施谷蘭可謂全盤皆輸。一九三五年，農曆九月十七日是施從濱去世十週年的忌日，她跑到觀音寺燒紙祭祀，一名和尚勸慰她皈依佛門：「妳看靳雲鵬、孫傳芳這些名人，不都信佛了嗎？」說者無意，聽者有心，她繼續追問，才知道孫傳芳已經失勢，目前在天津的佛寺修練。

至此，施谷蘭終於覺醒，不再仰賴他人幫忙，靠山山倒，靠人人倒，靠自己最好。她奮筆疾書寫下豪詩：「翘首望明月，拔劍問青天。」將自己的名字改為「劍翹」，忍痛將多年來纏足的腳放開，託關係買下一把手槍，直接前往天津。

皈依佛法

許多電視劇都有這麼一句話，「君子報仇十年不晚」，從古至今，東方人對復仇之事向來都頗為看重，歷代傳承下來的故事不停告訴我們，一旦靈魂受到汙辱，就有反擊的義務。例如伍子胥，他把殺父仇人的墓給刨了；孫臏大戰龐涓時將其亂箭射殺，更是茶餘飯後津津樂道的話題。

不過，歷史沒有告訴我們的是，如果仇人變成好人，我們是否還要報仇呢？

國民政府北伐後，孫傳芳的勢力大不如前，本想跑到東北和張作霖合作，沒想到張作霖突然被炸死，新任的領導張學良將東北易幟，至此整個中原大陸只剩孫傳芳的軍隊豎立著五色旗[17]，一時間成為孤家寡人，在倉促之下結束政治軍事生涯。

人生大起大落得太突然，孫傳芳很難接受，這時，同樣居住天津的退休官員、年近花甲的前國務總理靳雲鵬跑來安慰他，勸他皈依佛門，藉以超脫凡念。歷經滄桑的孫傳芳遂看破紅塵，皈依佛門，剃去軍人平頭，脫下西式軍裝，放下屠刀，立地成佛，法名「智圓」。

孫傳芳與靳雲鵬成為非常要好的佛道益友，兩人共同出資買下坐落在天津的清修禪院，改名為天津佛教居士林，由靳雲鵬任林長，孫傳芳任副林長，自此定下慣例，兩人每週日要到此誦經。

自從信佛後，孫傳芳幾乎變了個人，東山再起的夙願不再萌發，言談舉止和以往大不相同，也許真的淨化了靈魂。每到炎炎夏日，孫宅的門前便會放置清涼的綠豆湯，供過往行人飲用消暑。有一次，一個盜賊夜入孫傳芳公館行竊，結果被當場抓獲，沒想到孫傳芳不但沒有責罰，反而賞他一袋米。當時的中國局勢不太穩定，九一八事變後，日本勢力開始拉攏政治失意的軍閥，希望他們能為其效力，華北軍司令官岡村寧次利用同窗關係登門造訪，不過得到的卻是孫傳芳的嚴詞拒絕，他始終沒有放棄對佛法的執著。

孫傳芳的樂善好施傳開後，不少人都說孫聯帥改邪歸正了，當時有人勸他：「你多年戰場廝殺結下仇家無數，如今皈依佛門，孤身一人不帶警衛，只恐仇家來尋仇報復。」孫傳芳淡淡一笑：「死於同胞之手，比當漢奸賣國賊苟活強上千倍。」諷刺的是，正是因為改過自新，讓他走上死亡道路。

被刺事件

施劍翹在天津四處打聽民情，了解孫傳芳的相貌，追蹤他的動態，查訪門牌號和車號。她知道孫傳芳已經放下屠刀，成為一名好人，可是她卻放不下仇恨。半年後，她已經清楚孫傳芳的大致作息，每週必去天津居士林誦經，所以刻意接近，以「林友」身分自由進出。經過縝密籌劃，一九三五年十一月十三日下午三點半左右，行刺計畫開始。

施劍翹踏入佛堂，看到孫傳芳坐在原來的地方，心無旁騖，毫無防備，默默地誦念經文。由於施劍翹來得晚，居士林的前端已經充滿念經的佛僧，施劍翹在尾，而孫傳芳在頭。倘若在這種莊嚴的場合貿然起身，恐怕會受人注目，影響行動。於是，她假意誦經一段時間，故意提高音量說：「後面的爐子烤得我太熱了。」一位張居士對她說：「妳不會到前一排去嗎？」施劍翹答應一聲：「好。」上前一步，到了孫傳芳的右後方，此時孫傳芳閉目盤膝而坐，無比虔誠，她默默地在大衣口袋裡打開手槍的保險。

「槍一出袋，我就對準孫傳芳的右耳後開一槍，他立刻倒在太師椅的右扶手上，我又向他的後腦和後背開了兩槍，他的腦漿瞬時流了出來。」

聽到槍聲，大家紛紛往外跑，現場一片混亂。施劍翹見大仇已報，當場大呼：「我是為父報仇！」然後，她把事先準備好的〈告國人書〉、自己身穿將校服的照片，以及她寫好的遺囑，一起散發給群眾。接著走到旁邊的電話室，打電話報警，兩個警察隨即趕到，將她帶到天津市警局第一分局，馬上把她關了起來。

審訊過程中，施劍翹歷陳為父報仇的經過，說出為什麼一定要殺死孫傳芳的理由：「父親如果戰死在兩軍陣前，我不能拿孫傳芳做仇人。他殘殺俘虜，死後懸頭，我才與他不共戴天。」

按照施劍翹的理解，如果施從濱死於戰場，就是死於公戰，不能把孫傳芳視為仇人；而父親遭俘後被殺，那就不是公戰，而是私仇，所以要殺死孫傳芳為父報仇。

施劍翹難道沒有想過，她的父親施從濱當年曾殺俘幾百人，如果這幾百人的親人想要殺施從濱報仇，她該何以自處？孫傳芳當時反對蔣介石不抵抗政策，拒絕同學土肥原和老師岡村次寧的拉攏誘惑，躲到天津租界一心向佛，與世無爭，成為出家的和尚（稱居士），施劍翹再去殺他，於情於理都說不過去。

社會輿論的變調

施劍翹刺殺孫傳芳的案子雖有自首情節，仍應判處十年以上有期徒刑或無期徒刑。可是，隨著這件事被新聞媒體不斷放大，把她塑造成「現代俠女」的形象，風向就變了。

普通民眾最同情弱者，一時間，整個社會轟動起來，民眾不清楚真實的來龍去脈，只因施劍翹每次公開亮相時都表現得「大義凜然」，讓她成為人們心中不折不扣的「俠女」，便一昧強烈要求予以特赦。

他們沉浸在施劍翹「不畏強權」的幻想中，卻不知道刺殺發生時，孫傳芳已經失勢，家中子女從事教育、法學研究工作，最小的女兒只有七歲。而施家在軍方可說勢力龐大，施劍翹的老公施靖公是閻錫山的旅長，幾個弟弟都在國民軍、軍統和軍中任職，親戚施中誠已經官至少將、師長。施劍翹的行動背後，不乏有這些家庭支持。表面看起來是「小蝦米」，其實是真正的「大鯨魚」，而大鯨魚不但吃了蝦米，還得理不饒人。

相對於社會輿論一面倒地要求特赦施劍翹，法律界人士卻不認同這個觀點。他們認為封建社會講究情理，而法治社會講究法理，不應把公眾的輿論置於法律之上，如果特赦施劍翹，就是為了崇情而屈法。這對社會的穩定和依法治國的理念產生巨大的不良影響，將會使得好不容易建立起來的社會秩序崩塌。

而且，孫傳芳之所以變得如此容易刺殺，簡單到連普通女子都能將他槍殺，是他自己的主意，是他自願下野，自願學佛，自願裁撤保鑣與隨從，冒著被槍斃的風險來到危險的場合誦經懺悔，如果就這樣判她無罪，是否暗示以後軍閥即使下野，法律都不會給予生命權的保障？這樣還有誰會願意悔改自己犯的錯誤，像孫傳芳那樣退去權力的外殼，心無旁騖地學佛？

但是，人民才不管這些，中國歷史上凡是弱者被欺壓，最後又能伸張正義的行為，都能激起人們的獵奇心。當時社會彌漫著「看戲」的現象，一介婦女刺殺軍閥，滿足底層百姓對復仇心理的嚮往，你有名氣，你就是壞的；你是平民，你就是好的，就和斬顏良、誅文醜一樣，只要戲劇化、傳奇化、滿足眾人的想像就行，沒有人會在乎真實事件的來龍去脈。

許多政府官員想要從這次事件中獲得民眾支持，竟開始順應民意，說施劍翹的好話。從馮玉祥的日記可以看到，施劍翹的案件前前後後有馮玉祥、李烈鈞、張默君等軍政大老在奔走，更不乏有許多知識分子出面說情。

在輿論壓力下，法院一審判她有期徒刑十年，而後上訴又改判七年，最終，國民政府主席林森向全國發表公告，決定赦免她。這是二十世紀中國最黑暗的地方，雖然浪漫，卻不真實，每一件事情表面看起來都符合民意，但卻是以民意凌駕秩序的情緒勒索，要從法制的角度來看，是一種倒退。

推崇或警示？

孫傳芳當將軍打仗、殺生造孽無數卻沒有事，皈依佛教一心向善反被仇家所殺，回顧整段歷史來龍去脈，不得不說特赦施劍翹頗有爭議，到底是道德的英雄值得推崇？還是對法律的踐踏值得警示？

能確定的是，施劍翹刺殺孫傳芳根本不值得提倡，根據其自述記載，刺殺前，施劍翹望向兩個嗷嗷待哺的親生兒女，卻毅然決然踏上有可能使孩子無父無母的絕路。

從歷史的大視野來看，之所以造成這種爭議，關鍵在於當時亂世裡法制不健全且難以發揮作用。加上中國千百年的道德束縛，沒有統一的政權及和平的社會環境，很難解決道德與法律的關係。

這件事在佛教界引起非常不好的影響，住在天津的北洋權貴靳雲鵬寫信給師父太虛法師說：「佛菩薩不靈，佛教不讓人為善。孫馨遠（孫傳芳之字）已經下臺，而且洗心革面，懺悔學佛，勸善修福，反而遭到凶殺，被一個女人槍殺……」憤怒的靳雲鵬表示不再信佛教了。當時還有很多佛教信徒都因孫傳芳被殺而不信佛。

孫傳芳是北洋軍閥統治時期的悲劇人物，好戰成性是其一大特點；固守傳統軍人原則是另一特點。人非聖賢，誰能無過，只要能知過改過，即使不能獲得別人諒解，但悔改了，至少良心會獲得解脫吧！

---

17 中華民國建國初期執政的南京臨時政府和北洋政府所採用的國旗，旗面按順序為紅、黃、藍、白、黑的五色橫條。

第三章

一八八六年以後

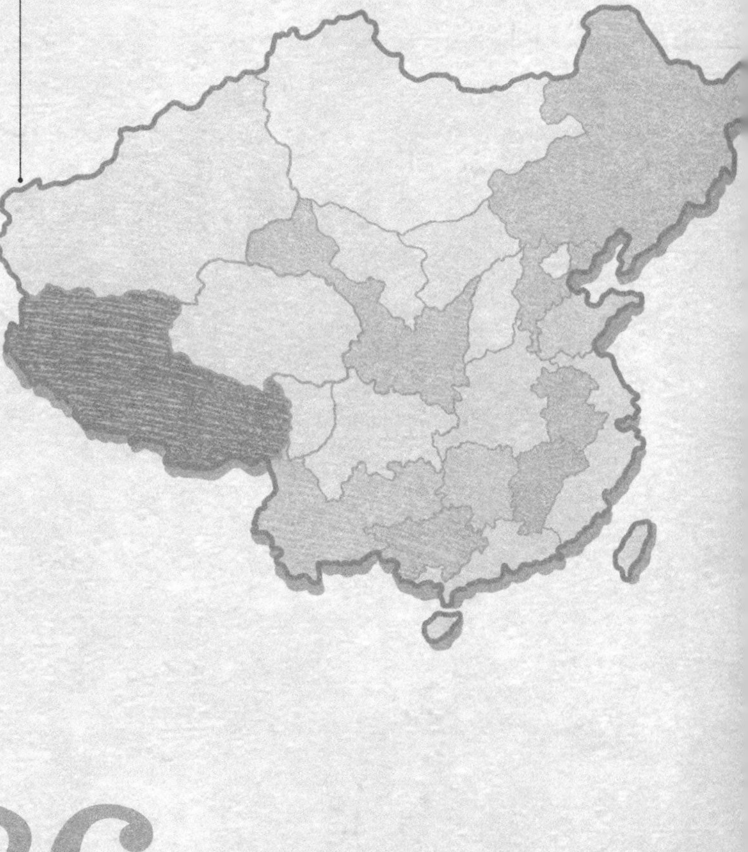

1886~

健康指標就是我

——蔣介石的飲食生活

人物小檔案

蔣介石（一八八七年十月三十一日～一九七五年四月五日）中華民國終身總統、軍事家。歷任黃埔軍校校長、國民革命軍總司令、國民政府主席、行政院院長、國民政府軍事委員會委員長、中國國民黨總裁。統治中國近二十年，中華人民共和國成立前下野前往臺灣，仍以總統名義進行統治。期間臺灣省實施戒嚴令，主張反攻大陸。

了解一個人，不妨從他的餐桌開始。

某方面來說，蔣介石其實算得上是「窮魯蛇逆襲」的經典案例，從上海街頭流浪的混混，乃至威風凜凜的黃埔軍校校長，最終一躍成為中華民國總統，堪稱勵志典範。近代留下來關於他的歷史資料不少，大至作戰內容，小至趣味瑣事，基本上什麼內容都有。如果以飲食史料來俯瞰其八十餘年的生平，可以驚奇地發現，由於蔣介石大起大落，幾乎接觸過民初時期各個階層的飲食文化，浙江農民的芋頭、黃埔軍人的黃埔蛋、歐美貴族的洋餐，簡直就是一部民國初年飲食歷史。

浙江：我的過動暴食症

一八八七年十月三十一日，蔣介石出生在浙江奉化的一家鹽鋪，蔣家在當地算是小康之家，家境比較沒有負擔。童年時期的蔣介石很調皮，有注意力不足、過動症的傾向，甚至不能用「頑皮」來形容，用他的話說是「頑劣益甚」，特別是在餐桌上，幾乎片刻不能安寧。

雖然無法從史料中得知蔣介石童年喜歡吃什麼，但能發現一件事情，就是他曾險些在餐桌上喪命！

那是蔣介石四歲的除夕夜，蔣家的人吃飽喝足後，一個個都離開餐桌，在院落聊天，獨留蔣介石在餐桌前。不知道是沒吃飽，還是對手中的筷子產生好奇，「公忽發奇想，欲測知自口至會厭深度，戲以箸探之」[18]，沒想到筷子放進口中卻拔不出來。家中長輩沒有注意小蔣介石的舉動，只顧著展望明年的美好生活，等到發現時，他已經昏厥不醒，送醫搶救後才甦醒。

蔣介石小時候很不聽話，喜歡嚼冰塊，他的母親王采玉曾多次勸說這樣不健康，但他頑劣異常，根本不把母親的話放在心上。為了吃到喜歡的冰塊，甚至多次與母親「鬥智鬥勇」。當然，最終也害了蔣介石，人到中年時，牙齒基本上掉光了，只能靠假牙吃飯。蔣介石喜愛吃芋頭就與這件事有關，因為芋頭軟糯，對牙齒的刺激較少。

不過，蔣介石才不在乎這些呢！他自認年輕，命還很長，想吃什麼就吃什麼。一年春節，年幼的蔣介石跟著親人到祠堂拜祖先，依照往日規矩，拜謁後每人可領幾個芝麻糖餅，蔣介石當然也去排隊了，但領餅的人很多。蔣介石看著長長的隊伍，心生一計，跑到泥坑裡打滾，然後爬起來就往人堆裡亂擠亂插，別人一身新衣褲，都怕被滿身泥汙的蔣介石弄髒，因此紛紛躲開，他輕鬆地將籃子遞到發餅人面前，從此鄉人們都稱他為「瑞元無賴」（瑞元為蔣介石乳名）。

毛福梅：美食製造者

蔣介石品行不端的作風，隨著年齡漸長才有所收斂。十四歲時，娶了大他五歲的毛福梅，這是傳統婚姻下的產物，他們毫無任何感情基礎，只是生搬硬套成一對。蔣介石不怎麼喜歡毛福梅，但對她的料理能力給予一萬分肯定。毛福梅是傳統女性，擅長各式地方料理，如豆腐乳、臭冬瓜、雞汁豆腐、雞汁芋頭、寧波湯圓等美食，讓蔣介石能在老家嘗盡人間美味。

浙江奉化東臨大海、西靠高山，盛產的美食非常多，蔣介石長大後南征北戰，很少回到家鄉，但家鄉獨有的滋味，他一刻都沒忘。蔣介石吃飯常配的三道菜——芋頭、黃瓜和鹹魚，就是源於奉化。

芋頭：奉化的山脈交接地帶，芋頭長在高山峻嶺中，當地有句出名的口頭禪「走過三關六碼頭，不及奉化芋艿頭」，意思是吃了外地很多東西都不及一口奉化的芋艿。

醃黃瓜：這是蔣介石兒時的美好回憶，冬天的浙江天氣冷、風又大，農作物無法生長，只得靠醬瓜等應對。醬瓜的製作非常簡單，把洗乾淨的小黃瓜丟進鹽水，封入罐子醃製一年即可。撤退來臺初期，由於沒引進黃瓜，蔣介石還特地運了一批日本進口的黃瓜備著吃。

鹹魚：奉化臨靠大海，漁業發達，因此有各式各樣的魚類料理，其中以魚腥味非常重的鹹魚為名。晚年負責載運蔣介石往返桃園的轎夫也喜歡吃鹹魚，身上腥味很重，很多人以為蔣介石會被熏得大發雷霆，沒想到他上轎後用鼻子不停地吸，感到非常高興[19]。

日本之旅：又少又難吃的糧食

蔣介石與毛福梅相處的日子不長，十九歲那年，蔣介石跑到日本東京遊學，這段期間是他伙食品質最差的一段日子。他就讀於專為中國留學生開辦的振武學校，伙食常是粗劣的舊糧陳米，條件苦不堪言。尤其進了聯隊，每個士兵每餐規定只能吃一碗米飯，而且僅有幾片鹹魚和鹹菜下飯，只有特殊節慶和週末，才能吃到新鮮蔬菜和肉。

蔣介石在日本學到了很多事情，包括基本的戰略能力、領導能力等，他在這段期間一改貪玩的個性，變得自制起來，就連吃飯都變少了：

我們一般留學生，原先在振武學校讀書時，吃飯沒有規定，普通人總要吃三、四碗，到了聯隊裡，突然要減少食量，大家豈不是要餓肚嗎？事實上在初入伍時，大家都感覺吃得不夠，但到了一個月後，習慣成自然，就都不感覺不足了。

不過，蔣介石沒有完成振武學校的學業，因為辛亥革命爆發，他急忙歸國，利用先前所學，率領一百多人的敢死隊直接攻入浙江巡撫衙門，生擒巡撫曾韞，一時名噪全國，成了革命英雄。

上海：牙齒惡化的開端

中華民國成立後，蔣介石沒有因此一躍成為政壇領袖，事實上，他發展得不是很好，有很長一段時間無所事事混跡於上海。他本來想在廣州的民國軍政府幹活，但因為自己是浙江人，和廣東派不合，屢次遭到將領們排擠。蔣介石內心感到無比苦悶，鬱鬱不得志。

唯一值得注意的是，蔣介石在這段期間的感情史非常精彩，他對毛福梅日益冷落，從上海帶回小妾姚冶誠，不過因為她愛好賭博，且廚藝遠不如毛福梅，又對她愈來愈厭倦。蔣介石轉而熱烈追求年僅十三歲的上海富商之女陳潔如，說服陳家同意將陳潔如嫁給他。

蔣介石每次婚姻都象徵著身分地位的升級，從煮飯的農村老婦，到嗜賭的摩登上海人，再轉變成富家巨室的新女性，他就像愛情攻略遊戲中的男主角，循序漸進，無往不利。

此時蔣介石養成混跡花街柳巷的習慣，從中尋得愉悅和歡樂。但每次歡愉後，總在日記中懺悔，覺得不應該做這種事情。蔣介石以聖人的眼光看待自己，但卻受限於自身，無法成為心目中的模樣，這是他痛苦沉悶的一段歲月。由於私生活浪蕩，生活習慣更惹人詬病，對牙齒、牙周組織產生不良影響，使他的牙齒在四十歲左右便已不堪使用。

可愛的黃埔蛋，老蔣一生的摯愛

一九二一年五月，孫中山身邊沒有一支聽信自己的武裝力量，開始策畫創辦陸軍軍官學校，訓練自己的兵，培養自己的人，蔣介石正是在這時登上歷史舞臺。

從此開始，蔣介石的個性發生一百八十度超級無敵大轉變。

早年的蔣介石就像是潑皮無賴，明知不對的事卻偏要幹，嫖娼、賭錢、黑道都做過，但現在不一樣，他找到歸屬，變得超級自制，鼓勵校內厲行節約，在軍中只喝白開水、不穿皮鞋、理平頭，和普通士兵一樣吃大食堂。嚴苛的生活規則讓他在軍中風評極為良好，外界普遍認為他是個好軍人，蔣介石因而在一九二四年被委任為黃埔軍校校長。

蔣介石的轉變相當勵志，幾乎可以上電視了。不過，人生走過的每一步，終究會留下永不磨滅的腳印，雖然除掉三害，改掉惡習，但牙齒的毛病依然改不掉，一吃到硬的東西便牙疼。當年在軍校負責廚務的是一位嚴姓大媽，廚藝非常好，黃埔軍校的全體師生都很喜歡，其中名菜黃埔蛋因軟爛不傷牙，博得蔣介石的胃口。她的做法是把雞蛋打碎後，加入胡椒粉、鹽、料酒等佐料攪勻，在燒熱的菜油中大火翻炒，這樣的雞蛋吃起來很有層次，怎麼吃都不會膩。

吃黃埔蛋的習慣跟了老蔣一輩子，晚年期間，宋美齡為了健康阻止蔣介石吃蛋，夫婦倆還出現少見的爭吵，也許對老蔣來說，黃埔蛋此時已經不再是避免牙痛的替代品，而是一種珍貴的回憶，拿走黃埔蛋，就是拿走他在軍校努力打拚的歷史記憶，他說什麼都不同意。

西餐：蔣介石的弱點

北伐成功後，蔣介石託付各種關係，終於迎娶到「白富美」宋美齡，達到人生巔峰。相較於出生不怎麼樣的蔣介石，宋美齡從小就接受美式教育，舉止儀態皆雍容典雅，飲食型態全盤西化，與蔣介石前幾名愛情對象相差十萬八千里。

宋美齡不會煮菜，但很懂得享受菜餚，她講究精緻養生，哪道菜健康，哪道菜不健康，全部一目瞭然。蔣介石喜歡的醃黃瓜、黃埔蛋，根本入不了夫人的眼，起初為了迎合夫人，他特意學習怎麼使用西式餐具，一同吃了幾回西餐，終究還是因不合胃口改了回來。但兩人總是堅持同桌吃飯，閒話家常。吃的東西不同，那又如何呢？你懂我，我懂你，這就夠了。

不過，學會怎麼吃西餐，自然有好處，就是可以在餐桌前盡情展現優越感。蔣介石的私人醫官熊丸曾回憶，有一次蔣介石請他吃西餐，廚師上了一盤魚，熊丸嫌刀子切起來太麻煩，直接用叉子吃。蔣介石看了好幾眼，最後忍無可忍對旁邊的副官說：「去給熊醫官拿把刀子。」最後他不得不用刀子吃魚。類似的故事還有很多，所以蔣介石身邊的人一提起要和他吃飯，都是戰戰兢兢。

沒有照顧牙齒的下場

蔣介石牙齒潰爛的速度比想像中還快，早在一九二六年率軍北伐，軍隊到達長沙安營紮寨時，他就因牙痛難忍，請託湘雅醫院的美國醫師胡美（Edward H. Hume）為他拔牙。從擔任黃埔軍校校長開始的二十餘年間，蔣介石幾乎沒有一刻休息，連年的壓力導致健康狀況令人擔憂。完成北伐後，他不得不戴上假牙，但這沒有停止牙齒惡化。

西安事變那年，蔣介石四十九歲，他被軟禁期間，侍衛問他要不要吃點東西，他邊搖頭邊說：「我不能吃東西。」此事傳開後，很多人以為蔣介石要絕食抗議，但事實是他在西安事變時逃得太倉皇，連假牙都忘記帶了。沒有假牙便無法吃東西，牙齒潰爛程度可見一斑。

除此之外，一九三七年五月二日，中央航空學校第六期乙班飛行生畢業，老蔣原本打算親臨會場訓話，無奈牙病再犯，只好作罷。一九四九年，在南京向檢閱部隊演說時，還發生過假牙忽然掉落在地的糗事。

瓜滿為患：好吃的臺灣木瓜

一九四九年，國民政府敗退來臺，蔣介石離開熟悉的故土大陸，抵達陌生的臺灣。他的飲食習慣基本上已經定下，生活非常規律，就拿早餐來說，桌上經常出現的四道菜分別是醃筍、芝麻醬、一碗雞湯和一片木瓜。

前三道菜可以理解，蔣介石從小吃到大，但木瓜究竟是何方神聖？原來，蔣介石後半生的飲食型態深受宋美齡影響。木瓜不是蔣介石一開始就喜歡的食物，人們都說口味是童年時代就決定了，說什麼都不會變，但宋美齡多次開導蔣介石吃木瓜的好處，親自督促他吃半個多月。蔣介石不吃則已，一吃驚人，困擾多年的胃病竟然減輕許多，他馬上下令讓木瓜直接變成早餐的開胃水果。

臺灣是盛產水果之地，木瓜長得又大又甜，各地官僚得知蔣介石喜食木瓜後，爭相把當地木瓜進貢到士林官邸，導致「瓜滿為患」，蔣介石不得不送木瓜給手下吃。

來自清晨的滾燙雞湯

雞湯始終是蔣介石的鍾愛，在臺灣的餘生中，「官邸的菜色幾乎每樣都會用點雞湯調味」。不過蔣介石吃雞湯的時間點很奇怪，照現在來說，這種鹹食應該是午餐或晚餐食用，他卻在早餐吃。蔣介石起得很早，寒冬還沒天亮，他就已經完成洗漱，值班的服務員睡眼朦朧，容易做錯事情，據總統府內勤侍衛翁元所說，曾有一次廚房沒有注意雞湯的溫度，讓蔣介石吐了一地。

「老先生吃早餐時一向是由副官伺候，不巧的是，那天值班副官端上去的湯，湯面漂的油層讓人忽略了高溫，老先生沒有注意，喝湯時呼嚕嚕就是一口，他哪裡想到那湯還燙得很，熱湯剛一進入口，他臉色就大變，『咔噗』一聲，嘴裡的湯液整個吐了出來，搞得一桌子湯漬。隨之他勃然大怒，朝值班副官吼道：『你這個混帳！你想要害死我啊！』」[20]

這種情況不只一次發生，還有一次，一位侍從在補充糖罐與鹽罐時，竟不小心搞混，蔣中正喝紅茶時沒有多想，將鹽巴倒進裡面攪拌，才喝一口，他又是「咔噗」一聲。一旁的副官各個面如土色，睡眼朦朧的廚師們各個嚇得精神百倍。

蔣介石活了八十九歲，最後十年的時間，宋美齡認為雞蛋膽固醇高，會引發高血壓，於是下令廚房取消供應一切有關蛋的料理，她說：「中國人對肉和蛋的推崇是因為貧窮，其實在西方國家，真正有營養的反而是蔬菜。」

蔣介石表示一萬個反對，奈何宋美齡的態度異常堅定，且給出美國醫生的建議背書，蔣介石畏於內人，只能將飲食習慣暫時改變。但所謂上有政策，下有對策，明的不行，暗的未嘗不可，蔣介石每每招待外賓時，以各種理由囑咐廚房煮雞湯，且在宋美齡惡狠狠地凝視之下，悠哉愜意地解饞。

民初時期的歷史名人，基本上都對自己家鄉的美食有一定偏好，廣東的孫中山愛吃豬、鴨內臟，河南的袁世凱酷愛豫菜，遼寧的張作霖嗜食蠶蛹，就連被譽為「舊倫理中新思想的師表」的胡適，都因為出生徽州而喜好油膩的菜色，一生追求「重油」、「重色」、「重火功」的料理。

除去多餘的政治評價，蔣介石的飲食生涯其實就是贖罪之路，從早年嚼食冰塊，乃至到日本留學時不顧食物品質，吃著難以下嚥的五穀雜糧。到了上海時期更忽視牙齒的照顧，整日渾渾噩噩，使他在後半生的飲食生活大受限制。即便他在廣東呼風喚雨、獨當一面、威風凜凜，但只要吃上做工精細的飯菜，牙齒早已不堪負荷，他再也無法享受撕咬牛肉、大嚼豬肉的暢快，更無法體驗用牙齒嗑一大碗瓜子的成就感。到了晚年，家鄉菜多半也不能吃，連能讓他回憶金戈鐵馬歲月的黃埔蛋都受到宋美齡限制。

也是吧，就算擁有萬里江山，吃不到、喝不著，想必一定很不痛快。敬告各位讀者，一定要時時刻刻保護牙齒，不只是為了美觀，也是為了保障做為我們人生中為數不多的享受之一，得以安安穩穩地延續到老！

18 毛思誠《民國十五年以前之蔣介石先生》，中正文教基金會網站。

19 《蔣中正總統侍從人員訪問紀錄》，中研院近代史研究所，二〇一二年。

20 翁元《我在蔣介石父子身邊的日子》，第五章「蔣中正私生活搜祕」，時報出版，二〇一五年。

民國第一盜墓案

——被判死刑的孫殿英如何逃脫法律制裁？

人物小檔案

孫殿英（一八八九年～一九四七年）

民國初年軍閥，初為直系，先後加入鎮嵩軍、國民軍、奉軍、國民革命軍、日軍、汪精衛政府。二戰後歸順蔣介石，國共戰爭中被解放軍所俘。

孫殿英盜墓案，相信稍有讀過民國歷史的人都耳濡目染吧！一位不知名的地方小軍閥，居然把大清乾隆皇帝和慈禧太后的陵寢都挖開來，惹得在天津度假的溥儀爆氣，為日後成立滿州國埋下伏筆。由於孫殿英盜墓一案資料缺乏，加上老孫本人名聲很臭，導致後世評價這起事件時，難免加油添醋，增添許多虛構與臆測。當年還有記者說孫殿英的十二軍屍姦慈禧等，惹得我直搖頭：看看慈禧的照片，嗯……不以置評。[21]

綜觀整起盜墓案，大家似乎都著重在腥羶色的舉動，忽略在此之後的法律審判，其實後面才是重頭戲呢！孫殿英被告上法院，人證、物證齊全，照理來說判個三百年都不為過。然而奇怪的是，東陵盜墓案的審理過程不公開，最後結果出來後，孫殿英竟被予以不起訴處分，被抓的只是一些替罪羔羊。此時我們就好奇了，究竟他是靠什麼逃出法網，逍遙法外呢？

打麻將的孫麻子

孫殿英是民國時期一個名符其實的小角色，甚至連角色都算不上，只是路人甲等級。若把民國歷史當作卡牌遊戲來說，吳佩孚是五星卡，孫殿英就是濫竽充數的一星卡。做為一名軍閥，他連私塾都沒讀完，年輕時就沾染鴉片癮，且無中心思想，時常變節倒戈。相比還帶有梟雄氣息的張作霖，孫殿英就是小混混的形象。

孫殿英的出生不出頭，老爸是個狠人，有次在賭場被滿人出老千，因此大吵大鬧，想把錢要回來，沒想到那位老兄竟然認識官員，將他抓進監獄活活打死。在這種家庭長大的孫殿英想當然過得很貧困，還得過天花，留下一臉麻子。據說青少年時期，孫麻子有天興趣使然，找算命的看面相，結果算命師鐵口直斷道：「有這種大麻子的往往都是陰邪凶惡之輩。」就後來孫殿英的表現來看，倒也不謀而合。

十幾歲時，孫殿英不學無術，和當地流氓地痞混在一起，經常出入賭場與公廟場所，由於老孫沒什麼架子，喜歡與朋友飲酒作樂，平時身邊的人有什麼婚喪嫁娶的事情，他都非常慷慨，正因為這種親民性格，讓許多人視他為領頭大哥。一九二二年，孫殿英帶著一批弟兄加入河南革命軍第一混成團，先做副官，再做機槍連連長。後來由於陸續投靠的江湖兄弟太多，他索性自立山頭，自封旅長，但事實上何只旅長，簡直是一代軍閥。

河南的地理位置十分尷尬，地處中原，乃四戰之地，省內雖然沒有絕對的大勢力，周圍卻全都是大勢力，與春秋時期的鄭國同病相憐。孫殿英在此地先後被憨玉琨、馮玉祥、張宗昌收編。

張宗昌很愛收稅，也很愛獎勵親信，孫殿英說這段時期是他人生中最愜意的日子：抽稅沒人管，嫖妓沒人管，賭錢沒人管，既有老大罩著，銀子更是花不完。他的錢除了買軍火和交際外，就是養一群駿馬，他很喜歡姿態優雅的馬兒，每一匹都有個別的馬夫照顧，還分別取了漂亮的名字。張宗昌的縱容，養成孫殿英揮霍無度的個性，為他將來盜墓埋下伏筆。

孫麻子的盜墓筆記

一九二八年夏，蔣介石的北伐軍兵臨山東，孫殿英見情勢不妙，趕緊倒戈投入北伐陣營，被授予第一集團軍第十二軍軍長。起初孫殿英對老蔣是一萬個感恩戴德，軍銜不但沒變，還成為蔣介石親自率領的第一集團軍一員，與黃埔師生平起平坐，實在沾足了面子。但後來孫殿英才知道，原來蔣介石以那麼寬厚的條件使他投誠，是為了用軍政搞死他。蔣介石不久便在第一集團軍提倡裁軍，把非黃埔的軍系裁掉大半，孫殿英部也要由軍改旅。

蔣介石的態度很強硬，表示若不肯整編裁兵，將停發孫部的糧草與餉彈，到時候沒錢，遲早也要散夥。孫殿英捨不得削減辛苦經營的軍隊，但糧餉該如何支出呢？就在這時，一位名叫馬福田的土匪出現了。

一九二七年，河北土匪馬福田帶著兵馬在東陵四處遊蕩，孫殿英知道後，仗著人海優勢，將東陵圍得水泄不通，一鼓作氣把土匪全數捕獲。經拷問後，馬福田坦承來東陵是想在太歲頭上動土，孫殿英聽完他的構想後，內心不禁讚嘆，這不就是支撐軍餉來源的最好方法嗎？一不做，二不休，他將附近所有的老百姓都趕出去，以軍事演練之名，承包盜東陵的這項業務。

孫殿英知道盜墓是大罪，事件開始前特地跑到天津休假，製造不在場證明，盜墓作業則委派給親信譚溫江指揮。譚溫江指揮大隊人馬在陵區周圍轉了幾天，順利用炸藥炸開地宮，「由軍長孫殿英飭工兵營夜間將西太后及乾隆帝兩墓用地雷炸開，營長以上始能入內拿取東西」。據《世載堂雜憶》記載，譚溫江等人進入地宮，「當時將棺蓋揭開，見霞光滿棺，兵士每人執一大電筒，光為之奪，眾皆駭異。俯視棺中，西太后面貌如生，手指長白毛寸餘……珠寶堆積棺中無算，大者由官長取去，小者由各兵士陰納衣袋中。於是司令長官下令，卸去龍袍，將貼身珠寶搜索一空」。

就在洗劫慈禧陵墓的同時，官兵也開始盜掘規模更大的乾隆裕陵。有了之前的經驗，士兵們很快找到入口，軍事將領文強於〈孫殿英投敵經過〉記載，「乾隆的墓修得堂皇極了，棺材裡的屍體已經化了，只留下頭髮和辮子，陪葬的寶物很多，最寶貴的是頸項上的一串朝珠，有一百零八顆，聽說是代表十八羅漢，都是無價之寶」。

乾隆活得很長，多的是時間修墓，所以裡面相當奢華，讓孫殿英他們折騰許久，才將金銀珠寶如數取出。官兵們發現乾隆皇帝口內似乎有含著東西，竟粗暴地將門牙擊碎，取出藏著的黃色寶珠。這是由西藏進貢給乾隆的貢品，有傳言含在嘴巴可永保屍體不腐，且保佑逝者轉世幸福，沒想到後來遺體不但腐爛，嘴裡的黃珠也成為盜墓者的擁有物。

孫殿英部隊本來還想盜康熙的墓，但康熙墓的保存狀況很糟，裡面積水很嚴重，寸步難行，他們覺得器物大概都爛得差不多了，去了也是白去，因此作罷。

一九二八年五月上旬，十二軍「剿匪」結束，駐紮在裕陵和定東陵的部隊同時撤離。部隊離開前，孫殿英動用旗下全部軍隊的卡車，足足往返三次才載走所有的奇珍異寶。附近居民注意到，不少士兵的鞋底沾有白灰，走過的道路也留下灰痕，他們循著路線往上找，發現被挖掘的大坑，明眼人一看便知：裕陵和定東陵被盜了。

原本孫殿英保密工程做得不錯，本地媒體畏懼他的淫威，不敢報導此事，然而百密一疏，孫殿英百般威脅本地媒體，唯獨忘記賄賂外國媒體。「英國路透社」發現大清乾隆皇帝和慈禧太后的隨葬寶物出現於古玩市場後，遂於國內報紙刊登報導，一時激起千層浪。由清廷後室組成的「詳查善後小組」來到當地勘查，確認陵寢確實被盜，部分滿人商團，以及遜清皇室，包括隱居天津的溥儀聯合向法院控訴，要求嚴懲盜墓犯。

被政治凌駕的正義

社會輿論壓力之下，最高當局決定盡快將東陵盜墓案納入司法程序。由於孫殿英是軍人，普通法院不能審理，得交由軍法審判，但由於當時軍人干預法律判決的情況多不勝數，為了保障法律的公正性，國民政府決定組織封閉的「高等軍法會審處」審理此案。

由於孫殿英的部隊是在北京盜墓，所以由擔任北平衛戍總司令的閻錫山負責。閻錫山指示蔣、馮、閻、桂四個集團軍各推舉一名中將擔任審判官。而審判長則由自己的親信、河北省主席商震上將任職。

商震是晉軍少數精通法律的文將，對案件的細心程度高，曾多次代理軍法要職進行審判。媒體十分關注此案，審判長商震信心滿滿，他寫了份「安民告示」類的文稿給報界。他說：「本會審對於陵案約分三步進行：第一步調查人證，第二步審問，第三步宣布公判。」他的話講得合情合理，讓不少關心本案的人信心滿滿，一定能將孫殿英繩之以法。

首先，第一步「調查人證」，當時第一個站出來指控孫殿英是主犯的證人是清室陵寢的守陵人和鈞，他指控孫殿英去過盜墓現場，還主持分贓，但這些指控由於證據不全，且這些證人連日期順序都搞不清楚，和鈞一口咬定是六月二十日左右看到孫殿英炸開陵墓，但那時孫殿英的部隊還在老家天津，真正進入東陵是七月四日了，況且孫殿英從頭到尾都沒親臨盜墓，還有不在場證明。種種不確定讓證人的證詞大打折扣，不被法庭採信。

不過，事情很快就出現轉機，山東政府抓到一位年輕的逃兵張歧厚，他拿著從陵墓盜來的珠寶上船，因行為舉止怪異被當場抓去審訊，而他膽小怕事，一下子就全盤托出：「我年二十三歲，安徽宿州人……於五月節前兩、三天，由軍長下命令，叫工兵營用地雷將西太后及乾隆皇帝二墳炸開。當時我未進去，由軍長的人把著門，都是團、旅、營長們下去拿東西，別人不得進去。他們拿完了，到天明以後，我才去的。我這三十六顆珠子，就是在西太后的墳裡拾的。」

張歧厚的口供就比較有參考價值，相當於承認十二軍確實參與盜墓，且軍長孫殿英是主使，人證、物證俱在，情況對孫殿英很不利。

虎頭蛇尾的審判結果

此時人證結束，照理來說該進入第二步，傳喚孫殿英進行審問，然而就在此時，商震的領頭上司閻錫山暫停行動。

盜墓案發生後，此事成為政治之間的重要博弈點。審判孫殿英時是一九二八年，當時北伐統一中原不久，各方大老雖然表面一團和氣，實際上卻暗流洶湧。蔣介石為了掌控華北，想要過河拆橋，把其他派別的軍事力量都除掉，閻錫山、馮玉祥、李宗仁幾派軍閥則祕密商議，決定抓準時機把蔣介石拉下臺。

外界的風起雲湧，使本該公正的法律沾染政治汙泥。閻錫山認為以目前的兵力來說，自己和蔣介石打仗只有吃虧的份，倘若能讓孫殿英順利脫身，他肯定會記得這份恩情，也許還會反叛蔣介石，投靠自己都說不定。

商震受老上司閻錫山掣肘，主導的軍法審判就無法深入鑽就，最終被告出爐，主犯包括十二軍官兵譚溫江、張歧厚、張殿元，還有幾名參與贓物買賣的商人，唯獨孫殿英被予不起訴處分。

至於商震的第二、三步「審問」與「宣布公判」，完全沒有當初的底氣。軍事法庭在平津衛戍司令部進行第一次預審時，譚溫江堅稱自己所持珠寶為剿匪所獲，沒有承認盜墓一事，也沒有把孫殿英供出來。在軍事法庭的歷次預審中，孫殿英都沒有出庭，且法庭預審中沒有涉及他的問題，大家似乎都刻意避免提起他的名字。

預審結束後，經商震反覆權衡，形成一份正式判決書。從當年的新聞報導中可知，判決書將案件定性為「遵化縣駐軍勾結守陵滿員竊盜贓物」，這句話很有意思，首先沒有直指盜墓的駐軍就是十二軍，由於當地駐軍的部隊不固定，除了十二軍之外，一些地方軍系也曾駐紮，用很含糊的語句帶過，好像是說盜墓不一定是十二軍幹的，至於是誰幹的呢？我不想追究，反正是軍隊幹的就是了。

六月十五日，軍事法庭審判書呈報中央，東陵盜案草草結束。判決書送到南京軍政部軍法司後，就此再無消息，司法部門面對如此草率的判決，秉持「我就爛」的心態，按照判決做，將譚溫江等「嫌疑犯」羈押至南京。至於數百乃至數千的官兵共犯，以及背後的孫殿英，我懶得查，也不想查。

這種判決結果想當然耳無法被各方接受。更令人瞠目結舌的是，隨後中原大戰狼煙遍地，孫殿英率領軍隊倒向馮、閻、李陣營，與蔣介石的中央軍作戰，馮、閻、李陣營為了討好孫殿英，竟毫無理由釋放羈押中的譚溫江，且准許其復職。

此後，即使案子尚未定案，東陵一案再未進入司法程序，被指控挖掘國家珍寶的盜賊們都被釋放，而被關押最久的譚溫江，關押時間不過短短兩年。孫殿英更是從頭到尾自由自在，一副事不關己的模樣。

溥儀對這樣近乎於腐敗的司法系統感到失望，「驚動我的倒不是什麼珠寶損失，而是對宗族感情的傷害。因此，這個事件引起我的震動，竟超過我被驅逐出宮」，溥儀燃起熊熊怒火，對著天空發起毒誓：「我若今生不報此仇，就不是愛新覺羅子孫！」這是溥儀寫在手稿中的原話。

從此之後，溥儀徹底與國民政府決裂，復辟加復仇的情緒達到頂峰，為其之後成立滿州國埋下伏筆。

民國第一盜墓賊

坊間一直流傳孫殿英為了平息眾怒，透過戴笠把龍泉寶劍送給蔣介石，翠玉西瓜送給宋子文，夜明珠送給宋美齡，所以逃過刑責，這個說法出自文強的回憶錄。而就他所述，自己之所以會知道此事，是因為孫殿英有個晚上睡不著，找他聊天時親口說出的。

其實，不是法律抓不到孫殿英，當時大街小巷，沒有人不知道孫殿英就是主謀，就連本人都不避諱。孫殿英不僅一直逍遙法外，更活到一九四七年因毒癮復發病亡。

政治以法律為基礎，且依法律為約束，都是二十世紀知識分子的共識，可惜在寡頭政治權力博弈的環境裡，法治沒有生存餘地。這是二十世紀中國最黑暗的地方，司法成為一紙空頭支票，毫無約束能力，有時甚至連空頭支票都不開，直接放著。

民國第一盜墓賊，就這樣逃脫法律制裁。

---

21 此論點主要延伸自載濤赴東陵巡視時，發現慈禧的屍體上身裸露，反趴著扔棄在地上，但半裸不代表她被做了什麼事啊！只能說當時吃瓜記者的想像力與現在的鄉民有得拚。

究竟可以迷信到什麼地步？

——佛系軍閥唐生智與顧法師

人物小檔案

唐生智（一八八九年～一九七〇年四月六日）

中國軍事人物、政治人物，曾參加多起中華民國建國初期的重要戰爭。

迷信這種東西是身為人類的共同毛病，東方人有，西方人亦然，人們之所以如此深信不疑，原因在於無法控制命運，不知道未來會發生什麼事。這種狀況下，人們會感到不安，而某些迷信行為會讓人稍感輕鬆。

生活中隨處可見各種迷信，例如車牌號碼要避開「四」，因為發音與「死」類似；或者某些房子沒有十三樓，取而代之的是十四。當然這些僅是和數字有關的迷信，其他的花樣繁多，真可謂琳琅滿目，有相信預言和詛咒，有相信星座，有相信算卦……不過，相比於唐生智，以上幾個例子都是小兒科。

唐生智是湖南一帶的最強軍閥，同時也是佛教密宗的狂熱信徒，被稱為「佛教將軍」，不僅自己信佛，還讓全軍官兵同時受戒向佛。他掌控湖南的數年間，整日與師父顧伯敘燒香拜佛，用各種玄學和讖緯解釋世間萬物。而他私底下搞迷信就算了，後來竟然和政治結合在一起，形成一種「因果政治學」。蔣介石不小心從馬身上墜下，唐生智認為是老天爺不眷顧老蔣，自己可以將他扳倒；顧伯敘說他的前生是「金陵王」，唐生智就以為自己坐鎮南京一定無往不利，遂承擔南京保衛戰的責任。

讀到此處，我們就好奇了，唐生智是從什麼時候開始迷信呢？

少年義氣8＋9

唐生智年輕時好鬥，喜歡稱兄道弟，用現代話來講，有點「8＋9」的味道。他曾看不慣印度巡捕在租借地作威作福，便在公園痛扁他；又曾因為和同學爭論「仁人志士」與「英雄好漢」的區別太過激烈，一起被關禁閉。除此之外，他非常重視義氣，好友想加入同盟會，唐生智非但沒舉報，反倒陪他一起進去。

從保定軍校畢業時，唐生智僅二十歲出頭。護國戰爭在他畢業不久爆發，袁世凱倚靠連牙齒都武裝起來的北洋軍，以秋風掃落葉之勢打得南方潰不成軍。稍微懂點情勢的人都知道要嘛歸附北洋，要嘛默不作聲，但社會新鮮人唐生智卻在一遍沉默中發出高亢的怒吼，率領為數不多的人馬（僅一排）支持南方革命，憤然起義。

沒有很可以，但你惹不起。唐生智個性雖然8＋9，但義氣真是爆表。雖然這支部隊很快就被打趴，但革命軍不久後捲土重來，趕走北洋系的湖南都督湯薌銘。唐生智做為湖南少數勇敢開槍的人，連跳兩級成為督軍署衛隊營營長。後來藉著一身慷慨豪放，率領軍隊巡直北上，戰功連連，升遷團長、旅長、師長。

討袁戰爭過後，唐生智手握一萬餘將士，成為湖南一股不可忽視的力量，但他卻對大環境有著深深的無力感，本以為打倒袁世凱，世界就會太平，但袁世凱死後，沒有強大的中央政府管理，各地軍閥熊據虎跱，各霸一方。總體來看，時局反而更亂了。

就和孩子第一次知道大人世界的複雜一樣，初生之犢的唐生智滿懷希望，卻得來這種結果，讓他非常失落，曾有一段時間過得很頹廢，正事不做，整天只知道賭錢，

「覺得世道沒有意思，想出家，和朋友說：『我不當旅長了，我當和尚去。』」朋友勸他別胡亂衝動，推薦一位法師顧伯敘給他，唐生智覺得很有道理，應該去聽聽看。

與顧伯敘的認識

顧伯敘算是湖南當地小有名氣的宗教領袖，他創辦的二學園道場以融合各種教派宗旨聞名，兼具大、小乘佛教和顯、密教派的影子。唐生智本是抱著姑妄聽之的態度去聽人講經說法，一去之後大為驚異，顧和尚沒有剃度，一副俗人樣貌，聲音非常宏亮，辯論說理，滔滔不絕，還喜歡講笑話，加上身材較胖，平時看上去很和氣，絲毫沒有一點佛道的威嚴。

人面對生活的無力感，往往會尋找一種依靠。與顧伯敘詳談後，他感到通體舒暢，似乎重新燃起對世間的希望。與普通佛法教義的出世觀點不同，顧伯敘主張「入山門不言俗，出山門不言道」，就是進入道場後，不要談論世俗之事；離開道場後，不要談論佛學之物，這種思想正好對唐生智的胃口，使其在軍閥混戰中有了新的心理支撐。

從此之後，唐生智的8＋9氣味日漸消散，洗心革面，每日向佛禮拜，尊稱顧伯敘為「顧老師」。顧伯敘則以唐生智為護法（保護佛法的人），兩人約定好，都不再找第二個老師和第二個護法。

當軍隊遇上佛教

唐生智開始學佛時，年僅三十多歲，正常來說，這是一個男人人生的巔峰期，也是事業和愛情漸漸修成正果的時刻，對於精神生活不太在乎。唐生智在此時把大量時間花在學習佛法上，可以想見顧伯敘對他的影響有多大。

其實，顧伯敘的宗教正統性有些問題，當時社會上有各種傳言，說他擁有六房姨太太、一天能喝兩大瓶白蘭地、喜歡吃動物內臟等。總而言之，教徒雖多，名聲卻不怎麼樣。先不論顧伯敘的宗教正不正派，首先，他的教義就有問題。「入山門不言俗，出山門不言道」有個致命缺陷，就是言行不一，唐生智雖然「入山門」後虔誠不已，開始崇尚向善、救國，但離開道場就可以「不言道」，可以無視佛法的規矩行事，甚至指揮軍隊向外作戰。而顧伯敘也不管唐生智「出山門」後的一切行為——只管唐生智在道場上虔不虔誠，其他一律是身外之事。

後來，唐生智開始亂搞。他覺得佛道那麼好，一定要推廣給所有人，於是命令他的部隊全體受戒，變成一支佛軍。為此還不辭辛苦地一個營、一個營奔走，所到之處大治佛堂，全體官兵一律身披袈裟，合十頂禮進行受戒。儀式結束後，五萬官兵都要佩戴一枚圓形胸章，正面是「佛」字，背面是「大慈大悲，救世救人」。

說也奇怪，唐生智大肆宣揚佛法，居然真的對整個湖南局勢發揮到好的作用，過往擾民的官兵聆聽佛法受戒後，洗心革面，痛改前非，由寇變良。唐生智不用軍法懲處犯錯的部下，用佛法改變他們的行為，這種治本的做法為時人所稱道。一九二四年十一月，廣州北伐軍程潛進攻湖南，很快就被凝聚力緊密的湖南佛軍擊退，唐生智的實力迅速抬升為湘軍之冠。當時的新聞界對此多有關注：

「有顧之騰者（即顧伯敘），以佛教進唐氏。唐屢試其術，能知人隱，遂深寵信，並尊之為顧老師。凡部下軍官及唐氏本人，均拜顧為徒。」

當時湖南省的督軍是趙恆惕，和唐生智一樣篤信密宗，曾經從西康省請來白喇嘛在長沙開大法會，按理兩方是一家人，但一山難容二虎，一省難容二僧，何況唐生智和趙恆惕的政治思想不同，曾因為主張聯省自治或三民主義吵過架。

唐生智雖然信佛，但依舊難抹去內心深處的8＋9個性，狼若回頭，不是報恩，就是報仇。一九二六年春，唐生智起兵反趙，沒幾個月便逼迫趙恆惕下野離開長沙，唐生智據地自雄，如願以償當了湖南省省長。不知道釋迦牟尼在西邊的極樂世界裡，看到兩個佛教徒互鬥會有何感想。

漸漸黑化的顧伯敘

一九二六年六月二日，唐生智在湖南衡陽正式宣布參加國民革命軍，被廣東國民政府任命為第八軍軍長兼北伐軍中路前敵總指揮，北伐進軍順利，戰果不斷，唐生智在國民政府內政治地位迅速上升。唐生智以佛治軍之事，正是在這種背景下，迅速引起包括佛教界在內社會大眾的廣泛關注，當時有佛教刊物稱：

「唐生智所轄之第四師士兵，早已全體受戒，現在仍抱大慈大悲救人救世主義，以行其革命手段。」[22]

自北伐開始，唐生智想請顧伯敘到軍隊講經說法，更希望他直接出來做官，起初的顧伯敘一臉正氣，表示不會參與任何軍事和政治活動，但隨著北伐漸漸擴大，唐生智的軍隊規模愈來愈強，顧伯敘面對世俗的權力與利益，終究還是屈服了。

政治地位的躍升，使單純勸人為善的宗教變質，佛教的初衷是美好的，但一旦與政治發生掛勾，最初的理念就不見了。絕對的權力、絕對的腐敗，顧伯敘無法抗拒眼前的利益，藉著唐生智的強力支持，在湖南組織佛化會，只要是在唐生智的勢力範圍內，所有寺廟都被強行收入佛化會的財產。由顧伯敘成立講習所，教導每一所寺廟住持自己對佛學的見解，說白了就是搞思想限制，讓整個湖南只留下一種聲音。

當時顧伯敘的行為鬧得很大，甚至波及到北邊的武昌，很多住持都公然反對。顧伯敘為了壓住反對聲浪，竟然將他們全部逮捕，其中武昌佛教學院的學僧素禪在逮捕時反抗，竟被唐生智的軍隊槍斃；而著名的佛教改革者張宗載也因為不認同顧伯敘解釋經文的方式，被強行綁架到湖南，關進監獄，「耒陽等縣寺廟被毀，寺僧被殺，不知凡幾，其手段毒辣，尤甚於赤色主義者」。

可惜，顧伯敘最初是誠心誠意勸人為善的居士，但在六根清淨與功名利祿的取捨中，幾乎沒有人能果斷選擇內心的富裕，後來他愈來愈誇張，甚至搞起預言和占卜，和正統的佛教理念幾乎背道而馳。

蔣介石墜馬事件

唐生智因一己信仰的緣故，宗教很大程度上已介入所屬軍隊，顧伯敘如此故作神祕，就像是個躲在暗處操控線偶的傀儡師。李宗仁和唐生智同在北伐軍營時，就曾聽聞顧伯敘的各種預言事蹟，但認為他就是個故弄玄虛、騙吃騙喝的王八蛋，只是事先打聽情報，做出預判而已。事實證明，李宗仁說得確實有幾分道理，顧伯敘的預言根本不靈，甚至把唐生智的一手好牌打爛。

一九二六年八月十四日，一個風和日麗的好天氣，蔣介石決定在長沙東門外大校場舉行閱兵典禮，檢閱李宗仁的第七軍和唐生智的第八軍，約二萬餘人。閱兵前，唐生智把一匹高大的棗紅馬讓給蔣介石，讓他耀武揚威地走在最前面。

誰都沒想到竟發生蔣介石墜馬事故，關於此事，李宗仁在《李宗仁回憶錄》詳細描述：

當總司令坐騎自第七軍前頭緩緩前進時，我緊隨其後……七軍檢閱完畢，第八軍排頭的軍樂隊立時奏樂……接著號聲大作，尖銳刺耳，蔣總司令的坐騎受此一驚，忽然大嘶一聲，前蹄高舉，立即向校場中心狂奔，大約蔣總司令平素不習騎馬，故勒韁不住，瞬息之間，便失掉重心，只見手足朝天，頓時翻鞍墜地，但是他的右腳仍套在腳踏蹬裡，被倒拖於地下，我在後睹狀，為之大驚失色，不知所措。

蔣介石閱兵墜馬後，唐生智大為驚訝，回來後詢問顧伯敘此事主何吉凶？顧說：「大將出師，折旗墜馬，皆為大凶之相，蔣氏此次北伐，凶多吉少。最重要的是蔣氏爬不過第八軍這一關，將來必為第八軍所克，唐君好自為之。」

顧伯敘的這番預言，對唐生智的影響很深。一年後，寧漢分裂，唐生智既是武漢國民政府的軍事首腦，又是國共「兩黨聯席會議」的國民黨方代表，還握有大批兵力，要打倒蔣介石的南京政府根本不難，他不禁感嘆顧伯敘還真是料事如神。

不過，事實很快就打臉他們。唐生智對外的強硬態度，使武漢與南京爆發寧漢戰爭，武漢政府對內無法團結，對外難以抵禦，堅持幾個月，被迫下野，乘日艦東渡。

經此一敗後，唐生智沒有恍然大悟，反倒在信仰中愈陷愈深。在此期間，顧伯敘不太在軍前公開露面，大概顧及唐生智的「佛教將軍」綽號已經臭名昭著，不好意思再公開左右。不過，顧伯敘其實始終沒有離開唐生智，唐生智也始終倚他如左右手。此後幾年，唐生智一直在擁蔣和倒蔣中做選擇，但勝利的天秤總是站在他的對立面。

參加南京保衛戰的真相

七七事變爆發後，日本開始全面侵華，平時互相搶地盤、大打出手的各地大小軍閥，此時團結在一起。一九三七年十一月十一日，蔣介石召集國軍將領商討保衛南京的問題。會議上，幾乎所有將領都認為不應死守南京。這時，唐生智站出來激昂地表示，南京是我國首都，又是總理陵墓所在，自己願意擔任南京衛戍司令長官，率領軍隊防守此地。

當然，後來的事情大家都知道了，走馬上任僅一個月，南京就迅速陷落，唐生智沒有履行「與首都共存亡」的誓言。他開完撤退會議就直接逃出城，丟下幾十萬軍民在震驚世界的南京大屠殺中慘遭日軍荼毒。

回首南京保衛戰，氣憤之餘，也要冷靜想想，唐生智當時主動請戰的原因是什麼？從後來臨陣脫逃的表現來看，根本不可能是出於愛國激憤。普遍史學觀點認為唐生智當時身居閒職，是出於功利，想要以此來重振旗鼓，恢復軍權才自願任職。

然而，這套論點可以解釋唐生智的參戰原因，但沒有解釋為何他要倉皇逃跑。史學界還有另一個頗冷門但細思極恐的看法，根據近代史學家吳相湘所述，唐生智主動請戰指揮南京保衛戰，其實是因為顧伯敘。顧伯敘之前曾說唐生智的前生是「金陵王」，理應坐鎮南京。而七七事變爆發後，唐生智曾到棲霞寺求籤預測吉凶，籤語是：「仙鶴出籠，凡事先凶後吉。」他才自告奮勇，出任南京衛戍司令長官。

唐生智打的如意算盤不無道理，日軍侵華是為了迫使國民政府承認滿州國與華北自治，不是要滅中國，日本人很有可能不會狠到占領南京，而是坐地起價和國民政府談判。照這種邏輯來說，唐生智不用和日軍作戰，就能因守衛南京享盡天下威名。

但後來唐生智驀然回首，才發現顧伯敘的預言根本不著邊際，鄉間小事可以問卜，國際大事用宗教來搞就笑話了，這就是他後來反悔、出逃南京的原因。

唐生智在南京脫險後到武漢向蔣介石謝罪，蔣介石沒有處置他，但之後再也沒有重用他。此後，唐生智長期閒居湖南，直到逝世前都沒有復出，而顧伯敘也被冷落，從此不知所終，從歷史的舞臺上消失。

改正歸邪的結局

成也信仰，敗也信仰，其實當時人們看到中國的樣子都很迷茫，皆需要有個依託，歷數民初叱吒一時的大人物，哪個不曾信教呢？馮玉祥的基督教、白崇禧的回教、閻錫山的佛教、張作霖的十八羅漢，信仰不是壞事，但關鍵在於有沒有藉著寄託去看見自己的問題，若只是無條件地狂熱，無異於原地踏步，怎麼做都是徒勞無功。

相比於孫傳芳徹底洗心革面，唐生智同為佛門子弟，卻是由改邪歸正走向改正歸邪，兩相對照，高下立判。都是同時代的人，信仰不同，走的路也不同，老唐走的路卻有些可笑，也許這就是歷史的教訓吧！凡事都一個開始，但結局卻總是與初衷有不同的差距，我們明白何時開始，卻永遠無法知道何時結束，歷史未能眷顧他，讓他有重登舞臺、改過自新的機會，最終以迷信的模樣為後人所記。

22 唐總指揮（生智）反對侵提寺產。黃夏年，《民國佛教期刊文獻集成》第一二八冊，北京，全國圖書館文獻縮微複製中心，二〇〇六年。

廣西軍隊天下第一

——廣西三傑李宗仁、黃紹竑、白崇禧的結識

人物小檔案

李宗仁（一八九一年八月十三日～一九六九年一月三十日）

黃紹竑（一八九五年～一九六六年八月三十一日）

白崇禧（一八九三年三月十八日～一九六六年十二月二日）

李宗仁為中國國民黨黨員，新桂系首領，曾任行憲後首任中華民國副總統，第二次國共內戰的兩岸分治前唯一的中華民國代理總統。黃紹竑曾為國民革命軍中將加上將銜，曾任國民政府監察院副院長，廣西大學創始人，後加入中華人民共和國。白崇禧為中華民國陸軍一級上將，有「小諸葛」之稱，亦為第一任中華民國國防部部長。

盤根錯雜的中國近代史中，倒戈、分裂幾乎是每個軍閥派系都曾經歷的路，國民政府發生過中山艦事件、奉系發生過楊宇霆政變、直系發生過天津政變，幾乎每個派系都有反覆無常之人出現。

但很奇怪的是，唯獨桂系，將領們安分守己，從來沒有出現大問題。

更奇怪的是，新桂系的政治體系就像搖搖晃晃的危樓，不是一家獨大，而是由三人各自分配權力，一同治理廣西，這在民初年間幾乎未有先例，通常都是由一個大老緊緊抓住權力，其他人聽從指令做事才對，不會有權力分配的事情發生。

難道桂系之間沒有利益衝突？或者說沒有矛盾？當然是有的，但他們都選擇忍讓，以謀求最大利益，正是這種同胞精神，使他們被敬稱為民國軍閥合作的典範。他們的領導者分別是脾氣大度、善於統領的李宗仁；個性剛直、善於作戰的白崇禧；為人機靈、善於行政的黃紹竑。他們同是廣西人，均畢業於廣西陸軍小學，是名符其實的同學，再加上三人意氣相投，都是為了同一個目標前進。他們在二〇年代至三〇年代，以望風披靡之姿，成為僅次於蔣介石勢力的存在。

環境惡劣的廣西

民國初年的廣西，雖然北伐後一度被稱為三民主義模範省，但在新國家剛建立時，廣西可謂差得不能再差了。首先，地理位置限制發展，廣西境內地勢高低不平，全是山脈，水資源和電力無法普及，再加上西邊有強大的唐繼堯，東邊有經濟強省廣東，而廣西除了原生的礦物資源外，連個能說得出口的經濟產業都沒有，導致人口急速外流。

雖說出身有高低，本來就不公平，但像廣西那麼慘的省分，放在民國初年幾乎無人能比。拿白崇禧來說，出生在桂林，共有七個兄弟，其中有三個半路夭折，死亡率逼近一半，可以想見廣西的環境何其惡劣。

後來，白崇禧的父親逝世，家裡實在無法支撐下去，只能將他送進軍校，當時廣西唯一的軍校叫廣西陸軍小學，相比同一時間風起雲湧的保定、黃埔，廣西的規模小很多，但由於訓練精實，在當地小有名氣。「我們的日常生活極有規律，早起晚睡，出操上課等，都有極嚴格的規定，動作確切而敏捷。稍有不慎，便要受警告或處罰。」

白崇禧一開始的戎馬生涯是和黃紹竑一起度過，他們一起拿著槍在泥濘中奔走，一起在單槓前鍛鍊，也一起忍受由軍校公發、品質糟糕的鞋襪和「走起路來覺得周身受拘束」的長衫。他們後來一起進入保定軍校三期的步兵科；畢業後又一起分配到廣西陸軍第一師第三團當見習官，稱得上是打斷骨頭連成筋的好夥伴。

當時白崇禧和黃紹竑放在人才貧乏的廣西中，可以稱得上是超高學歷的代表。果不其然，他們很快就被舊桂系重用，成為模範營的兩大統領，黃紹竑任第一統領，白崇禧任第二統領，模範營是整個舊桂系裝備最好的隊伍，別的軍隊都穿草鞋，只有他們能穿皮鞋，經常受上級命令四處征討土匪，受鄉親父老敬重。

廣西三結義：共同對抗萬惡的舊桂系

舊桂系和後來他們成立的新桂系不同，當時掌控舊桂系的大老是陸榮廷，個性捉摸不透，反反覆覆，由於出身綠林，對土匪既恨又同情，想剿滅又想放條生路，曾明令「土匪能不殺盡量不殺，可以招安最好」。不過面對這種迂腐且不知所以然的規則，模範營向來不管，逮到就是殺，白崇禧還曾把二百名已招安的惡匪隨機挑選八十名全部殺光，可謂是舊桂系中的一股「大清流」。

一九二一年對粵作戰之際，白崇禧不小心滑下山坡，折斷左腿，戰後來到醫學技術較發達的廣東接受治療。黃紹竑暫時接管白崇禧的位置，沒想到上級忌憚他一家獨大，而且模範營又不聽話，造反不是立刻的事嗎？陸榮廷想把模範營給繳了，黃紹竑在逼不得已之下，乾脆決定脫離舊桂系掌控，到根據地容縣占山為王。

輾轉往容縣的過程中，黃紹竑接到李宗仁的合作邀請。原來，當時李宗仁已經脫離舊桂系，在玉林有自己的根據地，自稱定桂軍，他希望模範營能加入自己的陣營，眾人一條心，黃土變成金，共同對抗萬惡的舊桂系。

李宗仁很早就脫離舊桂系發展，資歷很深，知道如何在軍閥互鬥下生存。黃紹竑覺得和他合作是個好辦法，兩家一起發展，遠比單打獨鬥可靠，模範營至此和定桂軍結合，成為新桂系的前身，後來白崇禧病好後也入夥，才形成最後的新桂系。由於軍隊是合併而來，造就出桂軍多巨頭的制衡系統，內部關係比起一人獨尊發展起來的系統更加平等，且總體更偏向分工合作，擅長什麼做什麼，有能就有權，不用像華北那些軍閥還得看政治臉色。

話說，白崇禧跑到隔壁廣東後，傷腿已長出假骨，無法再動手術，至此一生跛腳（這就是為什麼他經常騎馬的原因）。所謂是福不是禍，是禍躲不過，白崇禧在廣州受到孫中山接見，且深深折服於孫中山的人格魅力，沒過多久便達成統一廣西的共識，取得了「廣西討賊軍第五師」的番號。

白崇禧腿傷痊癒後，興沖沖地帶著這個名義回到廣西，和李宗仁與黃紹竑討論，兩人雖然都贊同孫中山的想法，卻嫌這個番號不響亮，三人想一想，乾脆去掉「第五師」吧！著名的「廣西討賊軍」就這麼打出來了，新桂系三巨頭就這樣出現了，按照先後順序，李宗仁第一、黃紹竑第二、白崇禧第三。

海納百川的李老大

李宗仁由於資歷最老，由此當了頭兒，他確實很有當大哥的氣度，「說話聲音很響亮，身上既有一種凜然正氣的軍人氣質，同時又不失儒雅和善」。李宗仁的戰術能力不如白崇禧，建設能力不如黃紹竑，但有一個無人能及的優點，就是海納包容屬下的缺點，大方放任屬下做事，套句歷史學家唐德剛的話說就是「德大於才」。抗戰時期，上將湯恩伯曾企圖吞併西北軍系第十二軍，十二軍不願意被收編，竟然慕名投奔李宗仁，要說大哥的氣息，李宗仁可是遠勝其他人。

起初三人合作時，沒有想像中順利。黃紹竑為人比較驕矜自傲，不想依附在任何人手下，因此對李宗仁極不信任。一九二三年二月，他向李宗仁表示想離開部隊自行創業，李宗仁大度地同意了，臨別時還表示，如果失敗，歡迎再回來。

讓李宗仁始料不及的是，黃紹竑率部開往梧州時，順帶拿走李宗仁旗下兩個營。這種感覺就像室友離開宿舍時不繳費，還順手帶走你的筆電一樣，部下全都怒了，堅決主張派兵追擊，但李宗仁卻處之泰然，長嘆一聲說：「如果打起來，兩敗俱傷，讓沈鴻英（舊桂系將領）坐收漁人之利就不划算了。再說，以後和季寬（黃紹竑字）也好見面，不至於成了冤家死對頭。」

此話令黃紹竑大為感動，他在回憶錄中寫到：「寬厚大度，有非人所能及者，真使我感佩萬分。」後來黃紹竑創業有成，陸續擊敗梧州各地的大小軍閥，所部擴編為三個團，實力已經可以自成一家，他卻驀然回首，心服口服地歸附於李宗仁。從此，三大力量擰成一股繩，成為不可分割的整體。

軍神白崇禧統一廣西

一九二四年，三人趁著舊桂系的陸榮廷與沈鴻英爭奪廣西主權而大打出手時，先決定採取聯沈攻陸，把最強的陸榮廷打敗，再與沈鴻英決戰，最終將舊桂系逐出門外，接著打跑想藉廣西一團亂時趁火打劫的滇系唐繼堯。造就出二萬桂軍大敗七萬滇軍的神話傳說，從此稱霸廣西。

當桂系持續茁壯的同時，白崇禧耀眼的戰績掩蓋過李宗仁，日益顯露出謀略才能遠在李宗仁之上。有一次白崇禧和黃紹竑聊天，黃紹竑忽然開李宗仁玩笑，說他身居高位卻「才不配位」，白崇禧當即厲聲回答：「廣西人事業做的最大的乃是洪秀全、楊秀清，而洪楊之敗，非敗於曾、左而是敗於洪、楊自身。我們今日勢力遠不如洪、楊，就欲效洪、楊自相殘殺乎？」

黃紹竑聽聞此言，羞愧難當，決心繼續服從李宗仁；而李宗仁知道此事後，對白崇禧十分感激，從此二人關係日深，情同手足。白崇禧如此堅定擁護李宗仁，原因很簡單，黃紹竑負責市政建設，自己負責軍事指揮，若少了李宗仁制衡，必會產生分裂，三個人就像一座鼎，互相維持著權力平衡，缺誰都不行。

黃紹竑內政大顯身手

雖然新桂系統一廣西，但剛起頭時，沒有人看得起他們，更沒有歐美列強願意贊助，他們只能依賴地主向地方上徵點稅，順便種點鴉片向周圍省分兜售。稅收效率和潛力實在不怎麼樣，且白崇喜後來在廣西大力禁菸，他們擁有的資源又少了一半，就差和隔壁的黔系軍閥有一拚了。

或許是因為出身低，在患難與共的歲月裡，他們養成有苦同受、有難同當的個性，基本上都是炮口一致。三人的分工不同，李宗仁善於政治，白崇禧善於軍謀，都是打仗好手，但說到建設，都沒有黃紹竑專業，他稱得上是整個中國南方首席施政高手，在執政的短短三年期間，總共有如下政績：

一、把原本只有五十公里的廣西公路打通長達五千多里。

二、嚴厲徵收雲、貴菸土的過境稅，除遏止菸土散布外，還使稅收大增（廣西在一九三二年收入三千一百萬元，其中菸土過境稅一千五百八十八萬元）。

三、創辦廣西第一所大學——廣西大學，由馬君武擔任校長。

四、興辦各種工廠，使李宗仁、白崇禧在外打仗總有用不完的經費。

可以說，黃紹竑雖然是三巨頭中最愛搞獨行派的，但李宗仁和白崇禧敞開心胸與他結交，自有他們的道理。三人同心協力，將偏安一隅的廣西省打理得井井有條，民心、軍心歸附。新桂系不僅能自守，且屢屢出兵北向，馳騁大江南北。

被稱作猴子、老虎、狼的廣西子弟

一九二五年，孫中山逝世後，國民政府的軍事實力派強人蔣介石崛起，在北伐統一中國的共同理想下，新桂系伸出橄欖枝，決定與國民政府並肩作戰。廣西軍隊被改編為國民革命軍第七軍，李宗仁任軍長，黃紹竑任黨代表，白崇禧任參謀長，三人騎著高頭大馬，一同呼號揮師北伐。

北伐期間，新桂系執掌的第七軍被稱為「鋼七軍」，絕不怕死，絕不後退，宛如惡魔般存在。當時有句諺語「廣西猴子是桂軍，猛如老虎惡如狼」，由於廣西多山多雨，桂系部隊起家時就是在這種曲折的環境上成長茁壯，因而特別擅長在惡劣環境作戰，一天就能推進好幾十里。

以龍潭戰役為例，蔣介石率領軍隊北上進攻徐州，沒想到卻被直魯聯軍反撲，軍隊一下退回安徽宿縣，剛收復的南京頓時岌岌可危。此時白崇禧接過指揮，李宗仁急調第一軍、第七軍東西夾擊，對孫傳芳軍形成三面圍攻之勢，迅速發起總攻擊。在炮火連天的龍潭中，剽悍的八桂子弟忍受敵方的炮火優勢拚命前進，只用不到一個月便將孫傳芳軍隊打到從此一蹶不振，時稱「東南一戰無餘敵，黨國千年重此辭」。

北伐期間，新桂系和老蔣之間的關係很微妙，好的時候比誰都好，不好的時候恨不得把對方消滅乾淨。隨著桂系勢力在北伐期間的迅速擴張，兩廣、兩湖、平津皆落入桂系的掌握中，引起蔣介石忌憚。打下南京後，蔣介石打算卸磨殺驢，將桂系的軍隊裁掉，本來李宗仁等人想要和蔣介石好好談談，看能否有權衡的餘地，沒想到湖南的桂系少壯軍人在未得同意的情況下，竟然腦袋發昏，驅走親蔣的魯滌平，由此爆發「湘變」。李宗仁有理說不清，蔣桂戰爭就那麼意外，又那麼不意外地開打了。

桂系的衰落

這場戰爭中，桂系沒有發揮往日團結的傳統，蔣介石親率兩倍兵力直指武漢，暗地收買桂系將領陣前倒戈，很快搞垮桂系主力，廣西三傑短短三個月就被迫逃往海外。

為什麼桂系不靈了？一切得歸到錢的問題，是什麼東西驅使桂系軍人不畏滿天炮火，奮力衝向前線？無非是名譽和地位，廣西人出生於窮鄉僻壤，想靠努力改善生活，所以作戰時以剽悍出名，士兵作戰能力非常強，一心想著打勝仗、分東西。然而，他們雖然是一個集團，但團結的目的是為了謀取個人的最大利益，桂系軍人不是為了桂系的榮耀奮鬥，是為了吃得上好飯，穿得上好衣。

北伐戰爭過後，桂系同胞們都因而享受到名利的增長，不過這讓他們失去往日緊密一條心的團結，大家變得現實起來，哪個地方好就往哪裡去。

財政負擔一直是桂系的痛楚，雖然能靠鴉片過路費賺到一大筆軍費，但要和掌控江浙財閥的國民政府相比，那可是小巫見大巫。雖然創造出許多軍事神話，但以現實面來說，桂系能撈到的錢就這些，能支撐發展軍隊的數量有限，旗下的軍隊能拿到的軍餉在北伐後就已經到達天花板。這讓很多桂系軍人萌生跳槽到富裕中央軍的念頭，蔣桂戰爭爆發不久，已經有許多軍人倒戈到蔣介石那裡，俞作柏、李明瑞都是如此。

當蔣桂最終達成和解時，桂系的第四集團軍整編為兩個軍一個獨立師了，充其量不過八萬人。和閻錫山的二十五萬大軍、張作霖的三十五萬大軍、馮玉祥的三十萬大軍相比，簡直少得可憐。

天下無不散的筵席

桂系之所以無法成功，不能怪他們，畢竟先天條件限制住發展，能同時出現白崇禧這種戰神、黃紹竑這種治理專家和李宗仁這種好老大，已經是奇蹟中的奇蹟。

後來桂系的結局大家應該都知道了，蔣桂戰爭的重大損失幾乎摧毀桂系的基底，黃紹竑在承諾不傷害桂系的情況下棄桂投蔣，從此桂系只剩下李宗仁與白崇禧支撐。兩人雖然合作無間，在中原大戰中差點擊敗蔣介石，且在抗戰時期取得非常多耀眼的戰績，但到了抗戰勝利後，兩人終究還是因為政治思想上的不同而分道揚鑣。

天下無不散的筵席，廣西三傑名震天下一時，最終的下場卻令人惋惜，李宗仁在毛澤東統治下的中國失去往日的老大氣質，整日發表一些獻媚的談話；白崇禧堅決要去臺灣準備反攻大業，結果一到臺灣就被軟禁，淪為籠中鳥；而黃紹竑在文化大革命時受到嚴重衝擊，兩次服毒不死，最終以剃刀刎頸自殺而死。一代英雄豪傑，落得如此下場，不禁令人唏噓。

不過，即使廣西最終沒能如他們所願，闖出一片天來，但在發家過程中累積的信任，仍深深烙印在他們心中，且成為他們歲月裡最濃墨重彩的一筆。在人生的最後時光，廣西三傑保持廣西人特有的團結個性，沒有出來批評對方的不是，黃紹竑在文革受辱時，想到的不是自己，而是昔日的大哥李宗仁，在自殺的那一天，他曾前往李宗仁宅邸，勸諫其小心為上，以免惹火燒身。一旁的朋友對他說：「看來你有心事。」

黃紹竑回應：「我不為自己打算，我擔心的是德公。」

三人走向不同道路，心裡卻始終沒有忘記對方，這或許是他們最後的默契吧！

你知道我是名將，但知道我是籃球國手嗎？
——孫立人的熱血大學生活

人物小檔案

孫立人（一九〇〇年十二月八日～一九九〇年十一月十九日）中華民國陸軍二級上將，二戰中緬甸戰場的重要將領。緬甸仁安羌之戰中，以寡敵眾擊退日軍，救出七千名英軍和五百名西方記者及傳教士，被英軍和美軍稱為「東方隆美爾」[23]。

其實把孫立人收錄進《民國軍閥檔案，重建中》不太正確，他不算軍閥，更像是軍人，正如他所言：「我不管什麼黨不黨，我是一名軍人。」這是他在民初歷史中最鶴立雞群的一點，行事從來不是以個人利益或集團為出發，而是以國家的安危好壞。

很多人都知道孫立人在戰場上可謂戰功赫赫，有「東方隆美爾」之稱，在緬印地區與日軍的戰鬥中，竟能在人數少於日軍的情勢下，屢次贏得戰鬥，戰術之得當可見一斑。但我們不知道的是，其實孫立人早在大學期間就已經「打敗」過日本人，但不是用槍，而是用籃球。

孫立人的大學生活，不論在學業或體育上皆有建樹，民初的軍事大老多為軍校畢業，舞槍弄刀在行，知識文化最多只有普通水準，而孫立人不但擁有清華學校、普渡大學、維吉尼亞軍校等校的學位證明，更是清華籃球代表隊隊長和中國國家隊的球員。所謂「人無完人」，孫立人卻在年僅二十出頭的年紀，卻在文武方面達到幾乎完人的境界，即使放在現代來看，也是難得一見的超強學霸。

大學新鮮人

孫立人的家庭，自古就是學霸出產中心，八代之內出了三個進士，以及無數個貢生與舉人。有什麼樣的家庭，就有什麼樣的孩子，孫立人從小受儒家傳統文化薰陶，在學校的成績名列前茅，成為典型的「別人家的孩子」。

父親是清末的官員，被委派至山東知府工作，舉家前往青島居住。當時正值晚清末年，國土被列強割據，青島為德國占領區，外強欺凌國人的種種所聞，深深衝擊著年少的孫立人。九歲時，某天在海邊撿到一顆色彩斑斕的彩石，孫立人本想帶回家中欣賞，卻被幾名路過的德國小孩奪走，想反抗卻被打了兩記耳光，臨走前還辱罵他。此事對孫立人影響極大，認為「自己的國家一定要強盛，才能讓人民活得有尊嚴」，從此之後，本就聰明的孫立人更加勤奮學習，成為學霸中的學霸，強者中的強者。

民國成立初期，北京大學曾因各種原因衰落一段時間，而清華學校做為美國資助的預備留學學校，不僅師資高強，未來更是一片光明。十四歲那年，孫立人返回安徽第一次參加「庚子賠款留美預科」入學考試，但當時清華學校規模還不大，屬於質精量少、神龍不見首尾的那種學校，諾大的安徽省，竟只開放區區五個招生名額。

雖然當地參加考試的有數千名學生，但孫立人不是好惹的，第一次考試就順利通過，還取得全安徽省第一名的佳績！

偌大的清華園

就這樣，十四歲的小學霸孫立人進入了偌大的清華學校。

當時清華是全中國最洋氣的地方，體育、兵操、課外活動等大多模仿美國學校，還有數十名美籍教師，就連建築物都仿照西方復興時期古羅馬和古希臘藝術風格，大禮堂、圖書館、科學館、體育館等壯麗建築，使孫立人留下深刻印象。

著名散文家梁實秋和孫立人是同一屆的朋友，關係非常好，當時都是憤青，經常聚集在宿舍談論國事，談到激動之處，不免慷慨豪放。他們在五四運動時曾拉著抵制二十一條的白布條，在天安門廣場露宿兩天兩夜，足見其要好程度。

清華學堂的學習環境絕對優於一般學校，梁實秋曾寫一篇關於清華學校讀書和生活的回憶：

清華學堂的觀念是超前的，他們在學生畢業留洋前，已經在學校裡在做好了預熱的準備，並安排同學熟悉西方的生活方式，這種目的是讓他們出國後，不至於手忙腳亂，為他們迅速融入國外大學的生活，做好了應有的鋪墊和預備。

清華學堂的課分上午課和下午課兩個，上午的課有英文、作文、公民（美國的公民）、數學、地理、歷史（西洋史）、生物、物理等，一律用英語講授，用的是美國出版的教科書；下午講授國文、歷史、地理、修身、中國文學史等，用國語講授，當然教科書也是中國的，做為一個國人的根本。

孫立人雖然後來當上軍人，但起初身體素質不好。入學第一年，學校為低年級的同學建造蹺蹺板（別以為幼稚，當時可是從北歐引進的新奇玩意），孫立人一下課就常和同學溜去玩。然而有一次剛好上課鈴響，對面的同學急忙從板上跳下來，位於高處的孫立人瞬間撞到地上，輸尿管因此摔斷，只能接受手術被迫休學一年。

在民國上體育課是什麼體驗？

身體康復後，孫立人重回清華學習，沒有因受傷就斷了運動的念頭，似乎還想把受傷時沒玩到的全補回來。那個年代，籃球、排球、足球都是新玩意，孫立人對這些新遊戲特別感興趣，什麼蹺蹺板，簡直太無聊了，真男人要在球場上奔馳才對：

我在中學三年級時就選上了足球校隊，一直到現在我還是很喜歡足球，後來到了高中時，清華的體育主任的觀念比較老一點，在我四年級時，他退休，新來一個，叫做 Dr. Will，我記不太清楚了：他開始教籃球。當時我對籃球也有興趣……他就選我，說我將來籃球的造詣會比足球高。

孫立人回憶的「Dr. Will」，其實就是清華大學著名的體育系教練馬約翰（John Ma）。當時中國的所有大學，唯有清華有體育不及格不能畢業的傳統，除了每日上午的柔軟操、下午四點的強迫運動外，還有游泳、足球等課程，而通過與否的審核人，就是馬約翰。

馬約翰在學生面前是噩夢般的存在，每個人畢業前都得經由他核准批蓋，而偏偏他的審核標準特別嚴格，以致每到畢業前夕，都有一堆人因體育延畢，我們熟知的兩位民初大師都曾因此差點畢不了業：

紅學專家吳宓：跳遠總是及格不了，因此延畢一年。還因為在嚴格的體育訓練中「微笑」，被記過兩次。

翻譯家梁實秋：典型的旱鴨子，游泳過不去差點重修，補考時才在沉入水底的情況下奮力通過。

不過，他人看來避之唯恐不及的體育，在孫立人看來卻是非常好玩的事情。在馬約翰的影響下，孫立人加入清華籃球隊，且在極為頻繁的訓練下，身體愈練愈壯，身高更來到驚人的一百八十五公分，很快就在籃球隊中嶄露頭角，一躍成為主力隊員。

梁實秋在文章中曾這樣描寫籃球隊生活：

校際球類比賽如獲勝，照例翌日放假一天鼓舞的力量很大。排名身於校隊，則所有權特殊伙食以維持其體力，名之為「訓練桌」，大魚大肉四盤四碗，同學為之側目……籃球賽之清華的對手是北師大，其次是南開，年年互相邀賽，全力以赴，互有勝負。手如臂使指，進退恍惚，勝算可以。

由於球場距離餐廳很遠，有時孫立人打完球才發現忘記攜帶水壺，竟會直接就近跑到附近的噴水池，大咧咧地站在水池邊喝水，「母校體育館南端噴水泉，他曾供給我多少甘飲」。想想一個大汗淋漓、氣喘吁吁的青年，以如此暴力的方式飲水，畫面實在充滿男子氣概。

清華大學有五支球隊，分別是足球、排球、棒球、手球和籃球，由於孫立人的運動能力實在太好，在馬約翰的訓練下，最後竟分別成為這五支球隊的隊長。此時的孫立人，外表英俊、學業優秀、體育耀眼，而且為人還很謙虛，據學生王耀東回憶：「孫立人雖然外表如文靜書生，話語也不多，但性格剛毅，很能鼓舞全隊士氣。」放到現在來講，鐵定是悶騷暖男一枚，只可惜當時清華學校的女學生少，不然孫立人肯定能成為令女孩們神魂顛倒的男神。

當時，同學之間都崇拜著孫立人的為人，「大家給我取個外號叫『站人』，因為我的名字是『立人』，立者，站也」，同學想藉此表示，他是一個傲然屹立的好漢。

在清華的五支球隊中擔任隊長絕非易事，而他獨領的清華籃球隊走得最遠，取得的成績也最好。

籃球運動起源於美國馬薩諸塞州，直到晚清末年才正式傳入中國，這是一項非常適合高大西方人的運動，而相對於身材普遍矮小的亞洲人，要打得順利相對困難些。為了彌補身高等條件的不足，孫立人和球員們對症下藥，開始勤練傳球、運球和投籃等技術，以腦袋代替體力，以合作代替單打，以這麼一種「學霸式」的訓練方式，在球場上和對手廝殺。

遠東運動會

二十世紀初，亞洲有一個歷史上最早的地區性綜合運動會——遠東運動會，由菲律賓、中華民國、日本三國發起，目的是打造屬於亞洲人專屬的奧運會。後來印度、香港、暹羅、馬來西亞和爪哇等國紛紛參加，這是後來亞洲運動會（亞運）的前身。

遠東運動會共有八個比賽項目，分別是田徑、游泳、籃球、排球、足球、網球、棒球、棒球，各國則要從大學中選拔出最強的球隊，代表國家進行比賽。當時中國的籃球運動主要集中在華北地區，水準最高的有清華大學、北京高等師範學校和南開大學，清華雖然能輕鬆戰勝南開，但面對全都是高個子的北京高師，顯得力不從心。

北京籃球隊員平均身高超過一百八十二公分，整個清華籃球隊只有身高一百八十五公分的孫立人能占得優勢。與北京高師的比賽中，即使孫立人盡力防守，且組織數次攻勢，仍無法挽回逐漸拉開的比分，清大屢屢受挫，最終由北京高師順利取得代表國家參加遠東運動會的資格。

不過，戲劇化的一幕出現了。球場中，北京高師的球隊教練王石卿看中孫立人的球技，奪得比賽權後親自跑來找他，表示北京高師雖善進攻，控球與組織攻防卻有很大缺漏，邀請孫立人成為國家籃球隊的主力後衛，孫立人爽快地答應了。

不得不說，王教練的想法非常大膽，主力後衛是組織全隊的防務，擔任的隊員往往是控球能力最好、助攻能力最強的球員。工作包括控制籃球，確保能掌控比賽節奏，在適當時機將球傳給位置最好的得分手，所以控球後衛常被稱為場上的教練。

孫立人接下這份職務，意味著他將以外人之姿，擔任指揮隊友進攻的角色。經過短暫的配合訓練後，一九二一年五月三十日，第五屆遠東運動會在上海虹口公園舉行，代表中國隊的球員從北京出發，當時國家隊沒有政府資助，球員只能透過一路上不停募捐，解決食衣住行的各種問題。

到了上海後，旅費盤纏已經用盡，為了讓全隊統一服裝，只能從自己的口袋掏錢，買了「兩個籃球，運動員每一個人只發一件背心，一條短褲，一雙布鞋，在每一天饑一頓、飽一頓的情況下，徒步往返駐地和場地之間」。

第一場比賽就對上菲律賓，一百年前，菲律賓的籃球實力號稱亞洲最強。由於菲律賓曾有被美國殖民的歷史，從小在籃球場長大，投籃和吃飯一樣簡單，抄球和呼吸一樣容易，前四屆遠東運動會都以極為懸殊的分數輾壓各國。

當年中國還沒有一座體育館，籃球比賽是在露天進行。比賽當天，中國隊和菲律賓隊魚貫入場，排成兩條線，雙方一對比，實在太可笑了，菲律賓全身名牌球衣，食衣住行全由美國商人贊助，中國隊衣服破舊，士氣完全輸人。誰知忽然下起大雨，中國球員低頭看向自己的鞋子，竟因價格便宜，粗製濫造，泡得幾乎解體，孫立人只能買些繩子綁在布鞋上勉強應付，好在後來因為雨勢太大，比賽最終改期。

隔日，雨過天青，幾千人的露天看臺座無虛席，中國隊換上新球鞋。菲律賓隊信心十足，馬上發起攻勢，力圖打垮中國隊。中國隊起初稍微落後，但很快找出解決方案：我們球技、裝備雖然都不如菲律賓，但我們都是擅長動腦的學霸呀！孫立人開始計畫應對菲律賓的戰術，他們的中線防守堅實，我們就分散兩側，見縫插針；他們的過人和投籃技術很強，但我們有先天的身高和體能優勢，用消耗戰應對不吃虧。這場比賽的上半場，中國隊成功擋下菲律賓隊的瘋狂攻勢，然而菲律賓仍以十七比十五暫時領先。

下半場，中國隊摸清菲律賓的攻守方式，雙方分數此起彼伏，最後三十秒時，菲律賓稍微領先，眼看這樣下去就要落敗，沒想到主力前鋒王耀東忽然站了出來，連續命中兩球，在命懸一線之際以三十比二十七反敗為勝。一九四九年以前，亞洲一共舉辦十屆遠東運動會，菲律賓隊九次贏得冠軍，孫立人和隊友們能拿到如此殊榮，實屬不易。主力後衛孫立人因行動靈活，善於防守，贏得「飛將軍」的雅號。

中日大決戰

接下要面對的對手是日本隊，雖然二十世紀初，日本在各方面都輾壓中國，但在運動上始終實力較弱，日本人體格矮小，爆發力不如人，中國人只要把手抬高，日本人便無法碰到球，遇到日本基本上沒有輸過，即使連半場比數落後都沒有。

由於中國隊剛戰勝衛冕冠軍隊，每個人都膨脹起來，以為勝利在望，球員們甚至把與日隊的比賽當作兒戲，開始對矮小的日本隊「身高霸凌」，隊員魏樹桓在場上玩弄日本球員，跑到籃下就是不投籃，非要等對方跑過來搶才甘願，弄得其他隊員哭笑不得。

日本隊趁中國隊大意而屢屢得手，上半場結束，日本隊竟以二十比十九領先。根據王耀東的回憶，教練王石卿在休息期間把魏樹桓叫來就是一頓臭罵，命令下半場不准出賽，魏樹桓號稱「籃球大王」，是前鋒主力，哪受得了這種懲處，竟然當場哭得稀里嘩啦。孫立人急忙幫助隊友平復情緒，希望王教練網開一面。

最終教練同意魏樹桓以功贖罪，重新上場，而他不負眾望，以閃電般的攻勢迅速趕超對手。比賽臨近結束前，中國隊已經領先兩分，但由於主辦單位沒有攜帶計分牌，且中國隊沒有人計分，孫立人以為還落後，結束前又拚命策劃兩次攻勢。最終比賽結束時，中國隊以三十二比二十八戰勝日本隊，成為本屆運動會籃球冠軍。這是民國年間中國籃球隊獲得的唯一一次冠軍，孫立人當時興奮得和隊友們抱在一起，呼喊著勝利。

運動家精神

運動家不輕易言敗的精神，跟著孫立人一輩子。籃球不只成為他度過漫長校園生活的解悶方法，更是使他在未來面對各種挑戰時勇往直前的關鍵，就其侄子孫至誠說：「在伯父看來，體育的力量是讓一個人的生命力得以不斷提升和釋放。他的人生信條就是這樣，打球要贏，打仗也要贏。」

體育從來就不是一項不用動腦、光靠體能和四肢就能做好的事情。每項運動競技的背後，都有萬千複雜的理論知識。大學的歲月中，孫立人打開心房接收新鮮觀念的洗禮，讓體育與智慧緊緊地融為一體，在這個地方，在那充滿西式古典柱廊式建築和中式園林庭院中，他的夢想緩緩升起。

孫立人晚年時，已經無法打球，中華民國籃球協會曾向他頒發「籃球泰斗」的紀念獎牌，以及數名籃球名將們親筆簽名的籃球，他與協會代表交流中表示，自己對籃球的興趣，七、八十年來從未減弱。

年華雖然會因為時間老去，熱情卻始終不變，純真的熱愛可以縮成一粒種子，深扎進泥土裡，練就精彩的人生。

---

23 指和二戰時期的德國陸軍元帥埃爾溫．隆美爾（Erwin Rommel）一樣勇猛善戰，隆美爾的軍事才能受到許多軍事學家推崇及批評。除了軍事能力外，他以人道精神對待敵軍，更拒絕殺害猶太人和英國突擊隊戰俘的命令。

新竹、高雄、臺北市

——跟著張學良遊臺灣

人物小檔案

張學良（一九〇一年六月三日～二〇〇一年十月十四日）張作霖長子，中華民國陸軍一級上將。一九三六年十二月十二日，西安事變爆發，張學良向蔣介石「兵諫」，扣押老蔣等中央軍政大員，直到十二月十五日，張學良才將其釋放。爾後便遭到蔣介石軟禁，被送到臺灣，直到一九九〇年，才被李登輝釋放，移民夏威夷安度晚年。

民初時期被軟禁的人很多，但囚期相比張學良，可謂小巫見大巫。就張學良所說：「我的事情是到三十六歲，以後就沒有了。」三十六歲之前的他意氣風發，有不錯的家世，有一群縱情享樂的朋友。可在三十六歲這一年，張學良發動西安事變，殺死蔣介石身邊的幾百名幕僚和衛兵，他可能沒想到，這將迎來長達五十九年的軟禁生涯，且將離開大陸，來到人生地不熟的臺灣。

五十九年的軟禁中，臺灣共占四十七年，張學良來臺灣顯然不是自願，且抵臺後心情非常憤怒，曾經怒罵：「這是什麼法律？這樣對待我，無論如何是非法的。」但隨著日子漸長，無奈就是無奈，打著牙也得往裡吞，漸漸習慣在臺灣的生活。

其實張學良對臺灣的熟悉程度，可能不會比土生土長的人差。由於不能離開，只能在這座小島跑透透，他曾在新竹的山間野林生活，也在波光淋漓的高雄港看日出、日落，亦曾到繁華的大臺北居住，昔日不可一世的富家大少，開始學會怎麼養雞務農、怎麼研讀《明史》，怎麼接濟原住民，結識他所鍾愛的基督教。這些單調樸質的臺灣生活，成為張學良後半生的日常。

遷徙臺灣的經過

時間來到一九四六年十一月，抗日戰爭早已勝利，張學良的十年徒刑已經期滿，他覺得自己應該要被釋放了，然而內戰的烽煙愈演愈烈，使蔣介石不肯釋放他，為了徹底斷送中共的聯繫，蔣介石命令下屬將他轉移到臺灣，為了提防有什麼三長兩短，還安置在偏遠的新竹井上溫泉（現清泉溫泉）。

遷移途中，軍方為了不告訴張學良真實去處，還編了個謊，欺騙他要回去南京。張學良以為要被釋放了，心情特別高興，直到看到臺灣海峽，才知道真實的目的地，一旁的隊長劉乙光[24]看張學良臉色不對勁，坦承道：「副座，我們準備到臺北。」

張學良回應：「怎麼去臺北，又變化了？」

「副座請原諒。」

「還什麼副座，副座？把我當犯人一樣就行了。」

張學良氣到不行，覺得被耍了，也終於知道，蔣介石是不會放了自己的。到達臺北松山機場後，張學良很快就乘坐汽車出發，經過四小時的旅途，終於抵達新竹縣井上溫泉，從此，張學良開啟在臺灣的幽禁生活。

新竹井上溫泉：我的養雞夢

張學良抵臺後面臨的最大問題，乃是語言溝通。臺灣幾乎混雜各種類型的語言，「國語當然大家不是全部懂，閩南語我不會，客家話也是少部分人，山地話有九種」。好在後來張學良發現，如果用日語溝通，基本上全臺灣都行得通。而張學良早在東北就已經精通日語，遂化解此一大問題。

在新竹的這段日子，張學良被軟禁於山野之中，對外聯繫的通道只有一條路，而且崎嶇不平，從新竹坐車到竹東得兩個多小時。二二八事件爆發時，「有風聲傳至山上，說有一股武力將來犯，目的在劫走張」，看守張學良的衛兵被下達命令，表示如果有人真的把張學良劫走，一定要在防線攻破前把他殺死。好在通往井上的路實在太崎嶇，事件發生前後，始終只有軍方知道井上的確切位置。

張學良同情二二八的那些人，而且不乏有言語支持之舉，像他曾在《蒞臺初感》寫道：「他們當年思念祖國之熱誠，這叫他們多麼失望，只有冷卻下去他們的熱血，或者燃起另一個火焰。」有一次，他的朋友張嚴佛來到井上溫泉看望，張學良便悄悄抱怨說：「現在就是明朝末年那個樣子，大勢已去，人心全失，政府官吏和帶兵官都暮氣沉沉，積習太厲害，我看已經無可挽回，老百姓實在太苦了。」

不過，即使外界風起雲湧，對被嚴格監視的張學良來說，似乎都只能遠觀而不可參與，況且此時他的處境是泥菩薩過江，自身難保，儘管老蔣批下足夠的經費料理他的生活，但井上實在太偏僻，即使有也不常運來，張學良基本上都是在有一餐沒一餐下度過：

把我們封到山裡，我們沒吃的了嘛，那時高山人對我們很不錯。那時候沒法子，他們吃番薯，唯有我一個人還吃點米飯。高山人給我們送番薯。沒番薯，沒有高山人，差不多把我們給餓死了。

除此之外，張學良的劫難還不只這個，他被安排在一處木製日式宿舍，原先是日本高官的招待所，雖然看起來很華麗，但根本不適合井上多雨潮溼的天氣，每到夏天四處漏水，每到冬天潮溼陰冷。張學良叫天天不應，叫地地不靈，簡直渾身難受，為了轉移注意力，他和趙一荻（張學良的第二任妻子，人稱趙四小姐）在居住的空地開墾幾塊小菜園，開始種菜，還養了一群小雞。

其實，養雞一事並非首例，張學良在貴州開陽軟禁時就已經養過了，那次不是很好的回憶。張學良聽賣雞的農民說，剛出生的小雞長得快，只要四個月就能長六斤重。於是託付各種關係，從省政府撥款買了七十隻廣東的白色雞苗，沒想到這些小雞還沒長大，就因突如其來的雞瘟死了，讓他情緒低落好一段日子，「精神更加頹喪，身體更加瘦弱」[25]。

不過，張學良這次的養雞之路非常成功，歸功於井上的人煙罕至，病菌根本傳不進去，加上整個井上的腹地廣大，夫妻倆可以用竹籬笆架設起長長的圍欄，使雞眷不用在狹小的地方生活。每天清晨，夫婦便跨過雞欄餵食菜葉和米粒，進去欄內時，雞群總是一擁而上，飛的飛、跳的跳、啄的啄，場面常一片混亂，所幸兩人都十分有耐心，順利將牠們養大，直至送入鍋中。

除了菜園和養雞的事業，夫婦倆共同培植一座花園，種滿漂亮的鮮花，養了一隻黃色幼犬幫忙看守，兩人閒暇時便會坐在大石頭上，望著微風吹拂的草木，靜靜地野餐。就這樣，張學良在此度過無數個日出、日落，心情逐漸平靜下來。據他所說：「就算明天槍斃我，今晚我還是能倒頭大睡。」事實上，張學良不但能睡，還是裸睡，他從小就有裸睡的習慣，即便晚年在榮總住院開刀也堅持不改。由於天天裸睡，他的副官蔣友芳或家管叫他起床前，都得先敲門。有很多人勸他不要這樣，會給別人添麻煩，但張學良反倒對他們說教，滔滔不絕講述裸睡的養生好處。

張學良真的把他的「裸之道」貫徹到底，除了裸睡之外，亦崇尚裸泳。井上附近有一條蜿蜒的小河，河水是有溫度的溫泉水，每次想游泳時，他便直接脫光往河邊奔去。那時張學良年近五十，拖著一個啤酒肚，實在不怎麼體面，每當山地取水的原住民女子看到此等場面，總是嚇得四散奔逃。

不過，沒有裸泳時，張學良對取水的原住民非常和善。由於軍方命令的關係，張學良不被允許和當地人交流，也不能和他們分享任何食品或器物，否則將被視為通謀，但他有惻隱之心，見原住民生活條件不佳，總有人饑己饑之感，何況在新竹軟禁初期，食衣住行的問題統統是他們伺候，很多時候，張學良會繞個彎投桃報李，例如在原住民孩童戲水打鬧時，將咬了一口的蘋果扔到小河裡，還會把大半隻燒雞、烤鴨扔到水裡。讓這些居於深山的孩子們，也能享受來自摩登大城市的滋味。

來去高雄，來去高雄，來去高雄

後來，張學良搬到高雄壽山，那是一棟兩樓層的白色建築，時人稱之「高雄小白宮」，相比於新竹的木製小屋，鋼筋水泥的屋子顯然舒服許多。張學良生前表示高雄是「二十餘年來最舒適的處所」，有趣的是，或許是因為太舒適，剛搬入後不久，張學良日記出現兩次房事，要知道當時的他已經是五十六歲的人了：

一九五七年一月四日記：「今日春性又大發，血氣將衰之人，戒慎為是。」

一九五七年一月十三日：「今天又少年性發，同Edith（趙一荻）大肆玩弄，將近六十歲的人，仍不脫少年稚氣，可喜不知老之將至，可笑老了還不知保重。」

張學良的心情很不錯，文筆相較其他時期輕快許多。由於到達壽山時行色匆忙，張學良把自己的家當和心愛的《明史》全留在井上，他無事可做，每天只能想盡辦法找尋樂子，盡可能過得充實點。「高雄小白宮」從二樓往外眺望可以看到整個高雄港，他就每日早起晨坐觀海，望著港內來來去去的船隻，若有感悟：

海，不管洋船、木舟、竹筏，只要遵循它的法則，它就載，否則它就覆。天命之謂性。道、教不可離者，此中可尋出端倪。「天道無私」，亦在此也。

狂讀《明史》

在高雄壽山，張學良真正沉靜下來閱讀《明史》。其實他算得上是半個奇葩，前半生到處對人說平生不喜讀書，且頻頻讚揚張家一點都沒有讀書的基因。不過面對遙遙無盡的軟禁日子，讀書顯然是忘卻憂愁的最好方法，他認為民國之所以屢屢遭受外強欺凌，都要歸責於清朝的腐朽，而清朝的腐朽，又得歸責於明朝的制度與文化。

張學良勤奮地整理明史，勤奮地撰寫明史，就連話題也總離不開明史，來自東北的老鄉莫德惠探訪他時，張學良便滔滔不絕地講述自己對明史的熱愛，他想到臺大擔任散播國學的歷史教授，也想在中研院擔任沉醉書海的老學究，甚至幻想能和朱熹、王陽明那些儒學大師一樣開設講壇。他對莫德惠說：「我讀歷史所得的啟示，發覺世間最有權威的人，是學術最為淵博的人，沒有學術，不足以治人。或者說，世間唯一可以治人者，唯學術而已矣。」

透過閱讀歷史，張學良學會明辨社會形態的轉變關鍵，對人生的理解更加深刻。談話途中，莫德惠驚奇地發現，張學良對當時明、清史學家的著作都極其熟諳，對於著名的如翦伯贊、錢穆、吳晗等人更是讚譽有加，莫德惠返回大陸前不由地感慨道：「此次訪問，發現張氏已成為明史專家。」

民國初年研究明朝歷史是一門難題，因為政治因素，許多史書不但看法不全面，經後人的刪減，有些地方還會倒果為因，把好的東西說成壞的，壞的東西說成好的。張學良常被這種歷史唬住，例如看《明實錄》時，他覺得「真差，比我這文筆不好的人還不如」，後來經過查證，張學良才知原來清朝把一些篇幅刪了，以致斷斷續續，文氣不順。

為了梳理明朝的脈絡，張學良挖掘大量文獻資料，寫下無數筆記，書桌貼滿密密麻麻的摘錄小卡。研究國學成為張學良每天起床的動力，在刀光劍影與舌戰群儒的文字中，他的內心世界更加充實豐富起來。經過幾年的努力，他的筆記逐漸完備到能完好地詮釋明朝各層面的發展興衰，若不是蔣介石不允許，把這些文章整理拿去出版根本沒問題。

由於長期的研究和思考，張學良對中國歷史有了更多的個人感悟和見解。當然，由於懂得實在太多，他常提出一些驚世駭俗的言論，像是批評王陽明「心外無物」：

我認為他是唯心學。比如，王陽明他說這句話，我就根本不同意。他說，「我看花，花在；我不看花，花不在。」我就給他說兩句：「你看花，花在；你不看花，花也在。」他是完全唯心的人。

這句話表面上是批評王陽明，事實上也暗虧蔣介石一把。蔣介石是王陽明的鐵粉，早年曾送張學良《明儒學案》，就是希望讓他好好學習王陽明的思想。不過經過大量閱讀後，張學良反倒能從中舉出王陽明的毛病，等於是向蔣介石表示：你學的不靈，我學的才行。

可惜的是，張學良一生未曾出版有關明史的研究，等到年近九十時，日本廣播協會曾詢問他是否有意願出版自己所學的明史知識，張學良是這麼說的：

我研究明史時，從朝鮮史的文獻中發現關於永樂帝的資料。歷史研究中竟有這種事，我若全說出來了，往後研究歷史的人便會失去樂趣。

聽起來很吊人胃口吧！我雖然知道永樂帝的祕密，但就是不告訴你，看來張學良雖然年老，卻仍懷抱著一顆赤子之心，彷彿在說：「自己去找吧！別依賴我，親手發現總比別人供出來更有成就感，這就是讀歷史的樂趣！」

臺北的日子

一九五九年，張學良因為眼疾問題，正式移居到繁華的大臺北，被安排住在陽明山幽雅路「臺航招待所」，那裡曾是神風特攻隊在進行自殺任務前飲酒作樂的地方。這段期間，蔣介石召見張學良，這是他們時隔二十餘年的第一次見面。寒暄之後，張學良請教蔣介石應該看些什麼書。蔣介石說：「《大學》和《陽明傳習錄》很好。」之後還說：「西安之事，對於國家損失太大了！」又表示：「好好地讀些書，返回大陸，你對國家還能有重大貢獻。」

有鑑於張學良已經年老，蔣介石再怎麼恨他，恨了三十年，也沒有當初那麼恨了。後來老蔣終於開放張學良能適度地與外界接觸，但需事先請示時任退輔會主委的蔣經國，且時刻受到衛兵監視。張學良把握機會，頻繁請示蔣經國，到達阿里山、日月潭、中橫公路等名勝景點遊玩，最遠甚至到金門遠眺大陸。

閒而無事時，張學良則在家與守衛打麻將、玩撲克牌，他是個好勝心極強的人，贏了還好，如果輸了，非要拉著對手再來一局不可。不過，張學良堅持不碰圍棋和象棋，前者是因為他曾結識一名外號叫「小鋼砲」的憲兵，他喜歡下棋，練就一手好棋藝。張學良常找他下棋，可惜他在抗戰時陣亡，為了弔念他，張學良把圍棋倒入滾滾江河，從此不碰；不玩象棋則是因為容易讓他回想到昔日指揮作戰的往事，有一次下棋時，他把整副象棋揮到地上，淒然說道：「我這個少帥現在能指揮的就剩下這十六枚棋子了。」從此也不再碰了。

安度餘生

晚年的張學良在宋美齡勸說下皈依基督教，每週固定去士林官邸的凱歌堂做禮拜。他把心力全都花在宗教上，不再從事明史研究。他以為會這樣安安穩穩地老死在臺北，「所以他在陽明山買了塊墓地，連自己與趙四小姐的墓穴都挖好了，還經常去看」。不過他沒想到，自己居然活了一百零一歲高壽，比蔣經國還久。

一九九〇年，被軟禁長達五十九年的張學良終於獲釋，陽明山的墓地未派上用場，張學良夫婦跑到夏威夷居住，拿到美國綠卡。就這樣，他們在夏威夷度過平靜的晚年。張學良經常在當地享用西餐，吃得很講究，尤其愛蔬菜水果。黃昏時分，他會到海邊散步，一邊觀賞著漸漸落下的夕陽，一邊享受著溫柔的海風，興盡而返。做完洗漱，他會寫一封信給在美國念書的孩子，再進行簡短的禱告，關掉燈，拉上被子，舒適地進入夢鄉。這就是張學良的最後餘生。

二〇〇一年十月十四日，張學良病逝於美國夏威夷檀香山，享嵩壽一百零一歲。

---

24 劉乙光外表斯文儒雅，對人卻非常嚴苛，有希特勒的外號。他攜帶全家「守護」張學良二十五年，被調走後，張學良稱他是感人與仇人。一九八二年，劉乙光去世，除了蔣經國之外，只有張學良和趙四小姐前去弔唁。

25 邱秀虎《張學良將軍被囚鎖記》。

我比你們想像中還要潮
——文藝青年溥儀的日常生活

人物小檔案

溥儀（一九〇六年二月七日～一九六七年十月十七日）

清朝末代皇帝，年號「宣統」，故稱宣統帝。一九一七年，溥儀短暫復辟，僅十二天就失敗。一九三二年，九一八事變後，日本扶持的滿洲國成立，溥儀出任執政，年號「大同」，後來改為帝制，成為滿洲國皇帝，年號「康德」，又被稱為康德皇帝。

很多人是從電影《末代皇帝》開始認識溥儀，包括作者亦然，不知讀者看電影時有沒有注意到一個點，就是他的日常生活大多圍繞著各種興趣，鬥蟋蟀、騎單車、打網球、買洋貨……多不勝數，我們能想到當時最新潮的東西，溥儀基本上都略懂略懂，可以稱之為二十世紀初最強潮男了。

追究溥儀為什麼那麼喜愛這些新穎的東西，要歸咎於生活的冗沉不變，他就像一尊被供奉的神像，放在紫禁城的一方小天地，哪裡都去不了。他被拉上皇位那年只有三歲，從帝位上退下來時只有六歲，孤獨、沉悶、陳舊、保守的紫禁城就像一所大監獄。溥儀的身邊沒有真正的朋友，只有一群遺老、一些太監和幾個太妃。他對外面的世界始終充滿好奇，在那個風雲際會、思想更易的時代，期盼哪一天能夠像鳥兒一樣衝破密不透風的朱門金殿，體會時代的交互激盪。

隨著年齡增大，溥儀變得愈來愈叛逆，時不時就要反抗一下陳腐的制度。十三歲那年，一位名叫莊士敦（Reginald Johnston）的英國人來到紫禁城擔任帝師，扛下教導末代皇帝溥儀的任務。莊士敦的出現，為百無聊賴的溥儀增添許多樂趣，別人都把他當成皇帝，看作復辟或保住利益的工具。只有他把溥儀當成成長中的孩子，希望他健康成長，進而能自我保護。他提供給溥儀的遠不只是文化知識，還有看世界的眼睛，溥儀發現原來世界上不只有四書五經與倫理綱常，還有如此多光怪陸離的新鮮事物。

溥儀就此發現一個新世界，在莊士敦的影響下，溥儀戴上眼鏡、吃西餐、聽西洋音樂、打網球，在宮裡裝上電話，甚至剪掉頭上的辮子，模仿老師的服飾，將自己打扮成洋紳士。雖然大部分時間，溥儀都不知道如何才能把自己打扮得得體，經常弄得不倫不類，或是「把領帶像繩子似地繫在領子外面」，但在試誤學習之下，溥儀逐漸了解西方文化的底蘊脈絡。

日落的紫禁城中，溥儀散播著追求進步的熱情。有一次，溥儀看到國外雜誌的裝潢照片，覺得非常新潮，隨即請託內務府購買洋式家具。在養心殿裝設西式地板，甚至將昂貴的紫檀木裝炕桌換成「抹著洋漆、裝著白瓷把手」的炕桌，片刻不得安寧之下，原本老舊陳腐的紫禁城，似乎變得熱鬧活潑起來。

溥儀請莊士敦為自己取了亨利（Henry）的洋名，皇后婉容成為伊麗莎白（Elizabeth），御弟溥杰則被賜名威廉姆（William）……看著那些老宦官們生氣的模樣，溥儀竊竊地笑了起來。除此之外，結婚前後，溥儀還曾仿照西方的婚姻文化，為一后一妃準備自己的小情趣——結婚對戒。他叮囑師傅製作銀製對戒，在內壁刻上「I love you forget me not」（我愛你，不要忘記我）。比起同一時代大情聖的追求方式，如沈從文[26]以情書告白、金岳霖[27]熬雞湯示愛，溥儀的做法顯然浪漫許多。

後來很長一段時間，溥儀和婉容保持親密情感，一起吃飯，一起玩耍，或是整天忽而中文，忽而英文，有時明明就在旁邊，卻要寫英文信和對方說話，這種情趣，大概只有他們才會明白吧。還有一回，兩人坐著小汽車出宮往頤和園，行路期間，溥儀一直催促司機加速，最後竟然開出時速六、七十公里以上的瘋狂速度。隨同出行的大臣紹英嚇得緊閉雙目，大呼南無阿彌陀佛，小倆口則興奮異常，將臉貼在車窗玻璃，看著飛速而過的景物，樂得合不攏嘴。

充滿腳踏車的紫禁城

清朝崇尚騎射，自建國以來便有「弓矢定天下」的說法，身為滿人皇族的後裔，騎射基本上是成長中不可避免的功課，從順治開始，皇室就明文規定十歲以上的愛新覺羅氏嫡系，每隔十天到校場進行一次騎射演習。

不過到了溥儀這輩時，這種硬性規定已經沒有多少束縛性，只是空頭條文罷了。溥儀知道騎射早已毫無實用性，留下來只是因為政治原因。經過百般刁難，甚至罷課不學，最終溥儀免去這門三百年來的習俗。

溥儀直到成年前都不會騎馬，但他有個老祖宗不會的東西，就是騎腳踏車。溥儀的小舅子潤麒不知從哪裡搞到一輛腳踏車，「自己有了好玩的新鮮玩意兒，總忘不了同樣貪玩的皇帝姊夫。於是我把自己家的這輛自行車騎進紫禁城」。都說男人都喜歡機械，溥儀一見到腳踏車，簡直樂壞了，他望著精密的鏈條與輪軸，兩眼不自覺地發光。儘管潤麒被宮廷師傅陳寶琛訓斥得不輕，但溥儀沒有理會，很快的，內務府受命從英國、德國、法國購買二十餘輛腳踏車，且在御花園建造一間車庫，專門存放溥儀的這些寶貝。

紫禁城的宮門都有高高的門檻，騎到門下就得下來牽車，使溥儀感到很不盡興，於是他大手一揮，「把祖先在幾百年間沒有感到不方便的宮門門檻，叫人統統鋸掉」，據統計，被鋸掉的門檻不下三十處。

有了場地和車，溥儀欣喜地把親朋好友都叫來，將腳踏車排成一線，讓婉容、潤麒，還有自己的妹妹與伴讀們挑選坐駕，一起練習騎車。永和宮的端康太妃當時年近五十歲，行動不便，溥儀為了讓她享受馳風的快感，特別訂製一輛經過改裝的小三輪車，讓她能在永和宮院內對著大銅缸兜圈。

當時的故宮在溥儀的倡導下，騎腳踏車一度成為時尚運動，此一嗜好跟了溥儀一輩子，後來成立滿州國後，他一天到晚在花園裡騎車轉圈，車技大有長進。根據《時代周刊》所述，溥儀竟然練成可以讓前輪懸空，只用一個後輪就能騎行的絕技。可以想像，溥儀的車技已經爐火純青。

歡迎來到溥儀的 rap 秀

身為一名皇帝，如果不會吟幾句詩，肯定上不了檯面。溥儀留下來的詩詞不少，且由於身處在大時代的環境下，他在人生的各個時期，基本上吟出的詩詞風格都有所不同。以決定人格發展的青年時期來說，溥儀在先後總共呈現出三種不同風格：

一、惡搞古人風

還記得十二、三歲那年，每天在課堂上慵懶地撐著下巴，讀著國文課本的日子嗎？那時的溥儀還年輕，就像是中學時期的我們，絲毫看不起古人的詩詞，對自己充滿謎之自信。他那時喜歡惡搞古人的詩詞，曾模仿唐代詩人劉禹錫的〈陋室銘〉，撰寫〈三希堂偶銘〉，劉禹錫寫「笑曰何陋之有」，溥儀就寫「笑曰何太平之有」，這放在過去可是大不敬的事情（題外話：後來溥儀投稿至上海《逸經》雜誌，結果竟然就這樣順利發表了）。

二、北京西皮風

進入十五歲後——相當於高一的年紀，溥儀開始喜歡北京的地方音樂，他的詩詞風格大變，從「惡搞」走向「接地氣」，用詞風格明顯受到北京特有曲藝「數來寶」的影響，據說這是源自民間乞丐要錢的一種手段，念起來要夠幽默風趣、淺顯易懂，且富有節奏。有一次，溥儀囑咐宮中的番菜膳房製作西餐，隨手賦無題詩一首：

明日為我備西菜，牛肉扒來燉白菜；小肉捲來烤黃麥，葡萄美酒不要壞。
你旁看，我吃菜，一旁饞壞了洪蘭泰。口中涎，七尺長，一直流到東長廊。

這首快板式的詩，讀來非常順口，美食上來的那種歡快，那種我饞死你的得意勁兒、調皮勁兒、促狹勁兒，一覽無餘，這哪裡是個皇帝？分明就是一個天真可愛的富家少年，足以把溥儀刻板的歷史形象一舉顛覆。

三、超級白話 rap 風

到了青少年時期的尾聲，溥儀詩詞風格進行大轉變，顯得非常前衛。十七歲那年，五四運動後，國內學術圈的活躍氛圍，各種要求白話文變革的聲浪此起彼伏，溥儀雖然在深宮之中無法參與，但心弛神往，曾仿照胡適的文風，創造了一首新詩：

燈閃著，風吹著，蛐蛐兒叫著，我躺床上看「book」。
月亮出來了，風息了，我衝著月亮鞠躬，一面說荷葉屏似的月亮，亨利來了！

可別看這首詩沒什麼，其實裡面隱藏著一段小故事。民國成立後，溥儀在紫禁城裡深居簡出，一直對外頭感到好奇，他看過胡適寫的《嘗試集》，在電話簿裡找到胡適的聯繫方式，邀請他來家中作客。這次心血來潮的會面雖然只有約二十分鐘，但意義非凡，他們討論《嘗試集》，這部作品得到溥儀的極高評價。

經過這次會見，溥儀愈來愈喜歡白話文，對他來說，胡適就是偶像，他是在外頭呼風喚雨的獅子，一個真正能決定自己命運的自由人。溥儀留下的詩詞中，不乏有胡適的影子出現。《嘗試集》最前衛的一舉就是將英文與中文混搭在一起，形成一種「新舊雜糅」的詩，例如〈贈朱經農〉：

舊事三天說不全，且喜皇帝不姓袁。更喜你我都少年，闢克匿克來江邊。

將野餐的英文「picnic」直譯成「闢克匿克」，實在有點陰陽怪氣，放到現在，就是被大家嘲笑的「晶晶體」了。事實證明，這種新詩是失敗的，保守派看不慣這種怪詩，新學者也無法接受這四不像的東西。而溥儀做為胡適的死忠迷弟，當然是要捍衛到底，遂有那首中英混雜的怪詩。

不得不說，溥儀確實很有現代詩人的底子，作詩很輕快，有種饒舌歌手的韻味，而且對比胡適的「晶晶體」可以發現，溥儀的詩雖然夾雜英文，但整體看起來卻很順暢，絲毫沒有一點「硬要」的感覺。只可惜十八歲那年，由於各方勢力的角逐，溥儀被迫離開紫禁城，前往天津定居七年。倘若他能待在皇宮安安分分搞文學創作，國文課本上說不定會多一首溥儀的現代詩。

天津：民國的時尚勝地

溥儀被逐出宮殿，有好處也有壞處。壞處是，從此喪失皇帝至高無上的權威，成為一名再普通不過的人；好處是，他現在能自由自在做自己，不用顧及王公大臣們的觀感，也不用再穿不舒服的龍袍。當時不少下野或失勢的政客、將軍都喜歡去天津居住，包括溥儀。追究原因，無非是三點：

一、做為最早開放的城市之一，生活水準較高，在這裡安享晚年較為愜意。

二、由於經濟發達，天津的生活基調屬於慢生活一類，簡單快樂，與世無爭。

三、有眾多租界，享受治外法權，無論是南方的革命黨人，還是北方的大小軍闕，都不敢進去調皮搗蛋，比在紫禁城安全。

漫長的七年間，溥儀過上真正意義上想要的潮流生活。他就像初入大觀園的劉姥姥，「一塊留蘭香牌口香糖，或者一片拜耳的阿斯匹靈，這幾分錢的東西就足夠使我發出喟嘆」。溥儀購置大量奢侈日用品，戴上禮帽、穿上燕尾服、手執拐杖，開著價值三千四百大洋的紅色別克大轎車（同時期的胡適只能開市值十三大洋的二手破車），出入起士林餐廳購買正宗的德式點心和糖果，或者載著婉容到惠羅公司血拼，那時的出行常會驚動京城，有時湊熱鬧的群眾太多，擋住了路，還有北洋政府的警察出面護送，聲勢簡直比慈禧太后還顯眼。

在氣氛優雅緩慢的天津中，溥儀還養成蒐集東西的嗜好，集郵成為他的情趣之一，但畢竟自己家財萬貫，比較沒有難度，很快就把日本和中國的各類型郵票蒐集齊全。後來，溥儀加大難度，改成蒐集那個年代的各類大人物簽名照，除此之外還要提上款，寫著「贈給溥儀先生」之類的字樣。

為了完成這項挑戰，溥儀多次拉下臉皮向各國政要索取照片，甚至不惜「濫用潛規則」。那時各國有個不成文的禮節，就是假如我送你親筆簽名照，那你就得投桃報李，回贈你的親筆簽名照才行。英王喬治五世（George V）的第三子訪華時，溥儀抓準時機動用潛規則，給他自己的親筆簽名照，請他託付英王。這個機靈的小算盤還真的如願以償，「英王來信向我致謝，且把他的照片交英國總領事送給我」。

除此之外，溥儀還曾透過義大利總領事和義大利國王互相交換親筆簽名照，諸如其他國家，如美國或俄羅斯的外交部門，也或多或少被這位小遜帝的「垃圾郵件」騷擾過。

網球王子?!不，網球皇帝！

在天津，溥儀對西洋運動產生濃厚興趣，首先看上高爾夫，仿照雜誌上的明星球員，專門訂製時尚的寬鬆毛衣和斑點襪子、報童帽，且在自己的大豪宅靜園修建小型高爾夫球場練習球技。夏天到了，天氣炎熱，溥儀便脫下襯衫，裸著上身和隨從打球。

一次和親朋好友的聚會，溥儀想藉機推廣高爾夫的優點，便拉著妹妹韞穎到高爾夫球場揮擊，沒想到她弱不禁風，操作球桿不慎，竟揮擊到溥儀的眉骨，頓時鮮血直流，眾人趕緊把他送到醫院就診，縫了兩針。從此以後溥儀見到高爾夫就怕，只能改玩網球了。

溥儀又在靜園修建網球場，沒有對打的朋友，便請侍從一起玩。溥儀囑咐侍從全力以赴，允許他們可以在球場上贏他，不過他似乎很有天分，侍從們完全不是對手。久而久之，溥儀覺得和他們練習球技不會進步，於是聽從旁人的主意，把軟式網球改成硬球，這樣一來球的速度更快，打起來更有難度。

溥儀愈打愈帶勁，球的速度愈來愈穩、愈來愈快，大有球員的架式。後來他覺得自己可以出師了，決定舉辦一場網球比賽，取名為「宣統杯」，特地訂製銀質獎盃，比賽場地直接選在靜園內部。結果竟辦得出奇成功，全華北的體育好手全都聞風而來，連日本體育會庭球部都特地跨海比賽。在掌聲與驚嘆聲中，溥儀享受著天津媒體的爭相報導，時間似乎在歡樂中不知不覺地度過了。

天津生活一段時間後，溥儀覺得「這個環境遠比北京的紫禁城舒服，我有了這種想法：除非復辟的時機已經成熟，或者發生不可抗拒的外力，我還是住在這裡的好」。就這樣，溥儀忘記那個牢不可動的「重登九五」，再次為「帝」的夢想。不過，後來臭名昭彰的孫殿英盜墓事件，驚醒了溥儀，他重新意識到自己的身分，以及與生俱來的本分。

滿州國

其實溥儀之所以當上所謂的「漢奸」，九成要歸咎於國民政府的不守信用。如果不是馮玉祥在一九二四年撕毀條約，使溥儀被迫離開紫禁城；如果不是閻錫山在東林盜墓案包庇孫殿英，使溥儀燃起復國之心，他未必會對曾經景仰崇拜的那個新興、民主的中華民國失望。溥儀覺得國家辜負了自己，轉而把希望都寄託在日本人身上，在日本人的安排下，他悄悄地來到東北發布獨立宣言，於一九三四年三月一日正式登基稱帝，年號康德，從此開始十一年滿洲國皇帝的生涯。

或許溥儀是認為，如果倚靠日本人，自己就再也不用受國民政府欺負，可惜在毫無勢力的情況下，誰都想欺負他。溥儀在滿州國的生活不順心，日本人不同意他完全恢復祖制，只准君主立憲，加上上有關東軍控制，下有鄭孝胥[28]掣肘，他只是個毫無權力的傀儡罷了。更讓溥儀感到空虛壓抑的是，他與婉容的愛情在滿州國迎向終點。

溥儀與婉容在紫禁城時，愛情關係雖然不被別人理解，但彼此明白對方；知道對方的缺點，卻依然執著愛著，彼此尊重，彼此珍惜，一起談論遠景，共同對抗老舊的制度。可是到了滿州，夫婦發生矛盾，婉容仍是那個婉容，保持初衷，想要自由，但溥儀卻為了恢復祖上的榮光，走向自由的對立面。婉容曾多次策劃逃跑，最終卻由於有人告密而失去機會。

隨著婉容一頭栽進鴉片裡，溥儀從此不再開心，他嘗試當時所有能想到的娛樂活動，甚至在日本教官的指導下，重新學習幼年時不喜歡的騎馬。然而驀然回首，即使擁有家財萬貫，即使可以在帝宮中享用最好的西餐、最美的洋酒，聽著歐洲進口的黑膠唱片，和精通英語的助理打交道，但沒有自由，他始終快樂不起來。

孤獨少年

昔日，他無自由，卻追尋自由，他是有目標的，就像是黑夜中朝月亮奔跑的孩子；今日，他無自由，明白自己一生得不到真正的自由，清楚歷史寄予他的使命，身不由己，就像是被吹熄蠟燭，籠罩於黑夜中的探墓人。

溥儀是中國封建歷史上的最後一位帝王，但他不是樣板化的皇帝。回看溥儀一生，與其將他稱為皇帝，不如把他視作一位再普通不過的凡人。表面上看，溥儀擁有凡人不能及的一切，有錢有勢，還有非常漂亮的老婆，能摟著婉容的腰，在百貨公司購買許多昂貴的洋貨與服飾；能在北京的路上吩咐司機把油門踩到底，盡情享受被注目的感覺；還能有閒情逸致蒐集郵票和簽名照。歷史最不能細看，溥儀雖然有這些興趣，且對待自己所愛嗜好近乎於痴迷，但當新鮮感退去後，他卻急於拋棄；什麼都想碰一點點，但什麼都不是非常精通；他這一生似乎都在等待著什麼，但最終什麼都等不著。當我們細細追究其各種奢華的興趣、新潮的舉動，將發現光鮮亮麗的背後，其實就是個過分孤獨的少年。

26 中國現代文學家、小說家、散文家和考古學專家，請參閱《民國文人檔案，重建中》。

27 中國哲學家、邏輯學家，請參閱《民國文人檔案，重建中》。

28 清朝的改革派政治家，曾任溥儀帝師，亦是滿洲國建國的參與者之一，出任滿洲國國務總理，同時也是一位書法大師。

HISTORY 077

民國軍閥檔案，重建中

作　者—江仲淵
主　編—邱憶伶
責任編輯—陳映儒
行銷企畫—林欣梅
封面設計—兒日
封面插畫—久久童畫工作室—葉小貓
內頁設計—張靜怡

編輯總監—蘇清霖
董事長—趙政岷
出版者—時報文化出版企業股份有限公司
一〇八〇一九臺北市和平西路三段二四〇號三樓
發行專線—（〇二）二三〇六—六八四二
讀者服務專線—〇八〇〇—二三一—七〇五
（〇二）二三〇四—七一〇三
讀者服務傳真—（〇二）二三〇四—六八五八
郵撥—一九三四四七二四時報文化出版公司
信箱—一〇八九九臺北華江橋郵局第九九信箱

時報悅讀網—http://www.readingtimes.com.tw
電子郵件信箱—newstudy@readingtimes.com.tw
時報出版愛讀者粉絲團—https://www.facebook.com/readingtimes.2
法律顧問—理律法律事務所　陳長文律師、李念祖律師
印　刷—勁達印刷有限公司
初版一刷—二〇二二年二月十八日
初版三刷—二〇二三年五月十八日
定　價—新臺幣四二〇元
（缺頁或破損的書，請寄回更換）

民國軍閥檔案，重建中／江仲淵著 . -- 初版 . -- 臺北市：時報文化出版企業股份有限公司, 2022.02
320 面；14.8×21 公分 . --（HISTORY 系列；77）
ISBN 978-957-13-9846-4（平裝）

1. 民國史　2. 軍閥　3. 人物志　4. 軼事

628　　110021234

ISBN 978-957-13-9846-4
Printed in Taiwan